W0403870

national militaire de La Flèche jusqu'à mes années d'instructeur où j'ai dû enseigner les fondamentaux du métier militaire, les savoir-faire tactiques et techniques, sans oublier le savoir-être éthique. Depuis les années passées à Paris à m'initier aux finances publiques jusqu'à mon commandement au Kosovo, où j'ai expérimenté que seule la force permet de faire reculer la violence, ou bien en Afghanistan où j'ai pu me rendre compte de ce qu'étaient la violence aveugle, les attaques lâches et destructrices produites par l'idéologie islamiste radicale. Tout au long de ma vie et jusqu'à cet instant, je suis resté en plein accord avec mon destin choisi de soldat. Et pourtant, je vais présenter ma démission.

Nos armées, je le sais, n'ont certainement pas besoin d'une crise, mais tout au contraire de confiance et de continuité pour assurer des missions toujours plus difficiles, pour participer à la sécurité sur le territoire national, pour intervenir sur les théâtres d'opérations extérieures. Il n'existe aucune tension, aucune crise au sein de l'État-major des armées. Et pourtant, je vais présenter ma démission.

Le chef militaire vit au contact constant du pouvoir politique. Pour ma part, j'ai connu en Conseil restreint pas moins de quatre présidents de la République : Jacques Chirac, méthodique, chaleureux et passionné par l'armée ; Nicolas Sarkozy, exigeant, tranchant et charismatique ; François Hollande, à l'écoute, calme

Prologue

Ce 19 juillet 2017, à 7 h 45, je monte dans ma voiture, entouré de mes deux fidèles, mon conducteur et mon officier de sécurité. Nous quittons l'École militaire et partons pour l'Élysée. Un itinéraire bien connu pour un chef d'État-major des armées. Cinq jours plus tôt, j'accompagnais le président Emmanuel Macron, nouvellement élu, qui ouvrait le défilé du 14-Juillet sur les Champs-Élysées, en présence du chef de l'État américain, Donald Trump. Pour ce rendez-vous au palais de l'Élysée, je n'ai pas pris de dossiers. Rien qu'une feuille de papier. Aucun chef d'État-major des armées n'a jamais démissionné sous la Ve République. Et pourtant, je vais présenter ma démission.

En ce jour, tous les sentiments qui m'animent, toutes les images qui me viennent à l'esprit traduisent d'abord l'attachement au service des armées et de la France qui fut le mien pendant mes quarante-trois années de service. Depuis mes années d'instruction au prytanée

« L'honneur, c'est la poésie du devoir. »

Alfred de Vigny

Couverture : Delphine Delastre
Illustration © Patrick Kovarik/AFP
ISBN : 978-2-818-50576-2
Dépôt légal : novembre 2018
Librairie Arthème Fayard/Pluriel, 2018.

© Librairie Arthème Fayard, 2017.

Général d'armée
Pierre de Villiers

Servir

Postface inédite

Pluriel

SERVIR

et plein d'humour, et, enfin, Emmanuel Macron, avec lequel mes relations ont été empreintes de franchise, de confiance et de cordialité. Décidément, je ne suis plus un « lapin de six semaines »...

Lorsque je travaillais à Matignon entre 2004 et 2006, j'ai connu deux Premiers ministres aux tempéraments aussi différents que leurs physiques : Jean-Pierre Raffarin, mesuré, plein d'humour et très humain, et Dominique de Villepin, flamboyant, fulgurant et pressé. J'ai pu observer avec « l'œil du naïf », celui d'un petit colonel à l'hôtel de Matignon, 58, rue de Varenne, le fonctionnement des institutions dirigées avec deux styles différents. Deux ans plus tard, j'en ai connu un troisième avec François Fillon, plus secret, talentueux et attachant, dont j'étais cette fois-ci le collaborateur direct en tant que conseiller pour les affaires de défense. Sous les ordres d'un directeur de cabinet exceptionnel, Jean-Paul Faugère, j'ai beaucoup appris en management des sujets comme des personnes. J'ai observé de près les nouveaux équilibres entre l'Élysée et Matignon.

Et puis, enfin, il y eut les sept années et demie passées boulevard Saint-Germain, puis à Balard, comme numéro 2 (major général des armées) sous les ordres de l'amiral Guillaud, qui m'a fait une confiance totale, puis comme chef d'État-major des armées (CEMA), principalement sous les ordres de Jean-Yves Le Drian, qui aura été un grand ministre de la Défense. J'ai donc une expérience longue et, somme toute, heureuse du travail avec le pouvoir politique. Et pourtant, je vais présenter ma démission.

Ces dernières années, j'ai surtout mesuré combien la vraie loyauté consiste à dire la vérité à son chef. La vraie liberté est d'être capable de le faire, quels que soient les risques et les conséquences. C'est ce que j'exigeais de mes subordonnés. Lyautey affirmait : « Quand j'entends les talons claquer, je vois les esprits qui se ferment. » La vraie obéissance se moque de l'obéissance aveugle. C'est l'obéissance d'amitié. J'ai toujours essayé de la pratiquer, et, pourtant, je vais présenter ma démission.

Au palais de l'Élysée, patientant avant d'être reçu par le président Macron, je repense, au milieu de ces années parisiennes, au commandement de la 2e brigade blindée, forte de six mille hommes et femmes, installée à cette époque à Orléans. L'alliance du maréchal Leclerc et de Jeanne d'Arc, deux figures de chef dans notre histoire de France, était singulière. Comment ne pas évoquer le fameux esprit Leclerc de la célèbre 2e division blindée, qui m'a façonné pour toujours ; celui qui a permis au général et à ses hommes, depuis Koufra, au fin fond de la Libye, de faire le serment de ne déposer les armes que lorsque nos trois couleurs flotteraient au sommet de la cathédrale de Strasbourg ?

Assis confortablement dans mon fauteuil, je me dis que cet esprit, bien modestement et de façon instinctive, je l'ai chevillé au corps. « Pour le service de la France, ne me dites pas que c'est impossible. » Cette phrase du général Leclerc, que j'ai fait inscrire en lettres d'or dans le salon d'accueil du CEMA à Balard, m'a toujours inspiré. Cet esprit de victoire, qui a conduit à la libération de Paris, puis à celle de l'Alsace pour aller jusqu'à Berchtesgaden, puisait sa force dans le courage de dire « non », la résistance à la facilité et la détermination sereine. Et, pourtant, je viens présenter ma démission.

Lorsque le Président vient à moi, il est cordial et souriant comme à l'accoutumée. Nos relations personnelles ont toujours été confiantes : alors secrétaire général adjoint à l'Élysée, il m'avait aidé, lorsque, au printemps 2014, à peine nommé chef d'État-major des armées, j'avais déjà eu à mener une difficile bataille budgétaire. Il m'avait d'ailleurs prolongé d'une année quelques jours auparavant, le 30 juin dernier. Et, pourtant, je viens lui remettre ma démission.

Vous me permettrez de garder pour moi la teneur de notre entretien, si ce n'est pour dire que, cette fois-ci, après un premier refus deux jours auparavant, il accepte cette démission et m'annonce le nom de mon successeur, le général de corps d'armée François Lecointre. Je lui réponds que c'est un excellent choix et que je me réjouis qu'il n'y ait pas d'interruption entre nous, puisqu'il me remplacera le soir même. C'est ce que je souhaitais pour le bien des armées. L'entretien dure cinquante minutes et sa tonalité est apaisée. Quel gâchis d'en être arrivés là, alors que nous aurions pu faire autrement ! Voilà mon état d'esprit, lorsque je salue une dernière fois les gendarmes de l'Élysée, si disponibles et si efficaces.

Cette démission que rien n'annonçait quinze jours plus tôt était pour moi un devoir personnel ; elle comporte également un devoir collectif, celui d'en expliquer les raisons, afin de dire aux Français la vérité sur l'état de nos forces armées et sur les menaces auxquelles notre pays doit faire face.

Introduction

Du général au particulier

J'ai pris la décision définitive de partir, dans la solitude de mon bureau, exceptionnellement toutes portes fermées, après mûre réflexion, le lundi 17 juillet vers 15 heures, une heure avant d'aller porter cette démission au Président pour la première fois. Pourquoi ? Pour deux raisons essentielles, l'une de fond et l'autre de forme.

D'abord, je l'ai écrit dans mon communiqué, je considérais, à l'issue des arbitrages budgétaires pour la gestion du budget 2017 et la construction du projet de loi de finances 2018, ne plus être en mesure d'assurer la pérennité du modèle d'armée auquel je croyais pour garantir la protection de la France et des Français, aujourd'hui et demain. Ce modèle reposait sur l'exacte cohérence entre les menaces qui pèsent sur notre pays et sur l'Europe, les missions de nos armées qui ne cessent légitimement de s'accroître et les moyens nécessaires pour les remplir. Cette cohérence était menacée.

Ensuite, après avoir entendu les propos du président de la République, le 13 juillet au soir, j'ai estimé en conscience que le lien de confiance entre le chef des armées et son chef d'État-major était trop dégradé pour que je puisse continuer dans mon poste. Critiqué publiquement et explicitement, devant les représentations étrangères, dont mon homologue américain présent à mes côtés pour notre fête nationale, devant les familles des soldats morts au combat au cours de l'année, devant les blessés des armées et l'ensemble des représentants de la communauté de défense, il me semblait impossible de poursuivre ma mission. Ce serait donc la démission.

Juste avant de partir pour l'Élysée le lundi 17 juillet, j'ai rangé mon casoar dans sa boîte. C'était fini. Un soir du « 2S » 1975[1], à Saint-Cyr, comme le veut la tradition de l'École depuis plus de deux siècles, mon binôme, de deux ans mon aîné, un élève officier de la promotion qui précédait la mienne, m'avait remis ce

1. Les saint-cyriens emploient un calendrier qui est propre à leur école, fondée par Napoléon en 1802. Depuis 1805, chaque mois de l'année scolaire correspond à une des lettres du mot Austerlitz. La lettre « A » désigne le mois d'octobre. Le mois de décembre correspond à « S », et le 2S au 2 décembre, date anniversaire de la bataille d'Austerlitz.

symbole que chaque saint-cyrien garde tout au long de son existence : le casoar, ces plumes blanches et rouges comme le sang, qui se fixent sur le « shako », le couvre-chef militaire. Le 14 juillet suivant, je descendais les Champs-Élysées en compagnie de mes camarades de Saint-Cyr, arborant fièrement mon casoar. Je ne l'ai jamais quitté, et dans mon bureau, où que je fusse, le casoar était posé devant moi. Ce matin de juillet, c'est empli d'émotion que je l'ai saisi, l'ai soigneusement rangé dans la boîte que mon binôme avait décorée à mon intention quarante ans auparavant. « Mon âme à Dieu, mon corps à la patrie, mon cœur à la famille », avait-il choisi d'écrire sur le tube de carton. En le rangeant, je savais que ma décision serait irrévocable. Que je ne le reverrais plus. Ma femme et mes enfants pourront le sortir le jour de mes funérailles et le poser à côté de mon cercueil, s'ils le souhaitent.

C'est ainsi. Je ne ressens aucune amertume, aucune rancœur vis-à-vis de quiconque. Seulement, ancré en moi, le sentiment du devoir accompli. Depuis que j'ai pris cette décision, je suis serein, silencieux et déterminé à servir mon pays autrement. Ce livre est une première étape en ce sens.

***

Ce livre, je l'aurais probablement écrit, si j'étais parti un an plus tard. Simplement parce que je pense pouvoir apporter, par mon expérience, et d'une manière le plus pédagogique possible, quelques clefs de compréhension en matière de défense. Combien de fois, ces derniers temps, ai-je entendu des Français m'interpeller ainsi : « On n'y comprend plus rien ! » ?

Les Français veulent être protégés, car ils perçoivent l'accroissement des risques. Le bon sens les y encourage, quand ils voient le nombre d'attaques terroristes se multiplier sous nos yeux, y compris sur notre territoire. Je souhaite ici faire œuvre utile et donner, à travers des exemples concrets, les éléments d'information nécessaires, en allant du général au particulier. Partant de l'analyse des menaces et de leurs évolutions, je souhaite montrer que notre modèle d'armée est le bon et pourquoi il faut le régénérer de manière urgente et substantielle, avant qu'il ne soit trop tard.

Par ailleurs, j'aimerais modestement aider à rapprocher les citoyens français de leurs armées. Ils sont les soldats, marins et aviateurs de la nation, du peuple de France, lequel mérite d'être informé. Chaque Français est en droit de savoir, directement, du général au particulier. Il faut connaître pour comprendre.

En réalité, j'ai choisi d'écrire ce livre dans les jours qui ont suivi ma démission, fidèle en cela à la belle devise du maréchal de Lattre : « Ne pas subir. » Quelles que soient les attaques dont j'ai fait l'objet, mon intention n'est nullement de revenir étape par étape sur l'épisode de ma démission. On ne trouvera pas dans ce livre de détails croustillants susceptibles de nourrir telle ou telle polémique ou instrumentalisation politique. Ce n'est pas mon objectif, et ceux qui me connaissent bien savent que cela ne l'a jamais été. Le soutien unanime de l'ensemble de la classe politique, incarnation de notre République, m'a touché, car il correspond à l'idée que je me fais de l'officier, représentatif de l'ensemble de la nation et profondément loyal envers les autorités politiques. Je suis bien trop soucieux de l'« union sacrée », chère à Georges Clemenceau, pour œuvrer à mon tour à la division. Je souhaite que ce livre aide à faire prendre conscience de la gravité de la situation et donc de la nécessité de l'unité nationale.

Toutefois, la loyauté n'est pas l'esprit de cour ni l'assentiment permanent à ce qui peut être utile pour se faire bien voir. Le silence est parfois proche de la lâcheté. La loyauté perd de sa légitimité lorsque commence le légalisme. Maintes fois, dans l'exercice de mes fonctions, j'ai estimé de mon devoir de faire part de mes réserves, en toute transparence et en vérité, dans le respect évident du devoir de réserve. Notre époque turbulente et dangereuse ne se prête plus à la

« grande muette ». Un poète, même non revendicatif, dirait d'ailleurs que cela rime avec défaite !

Je voudrais dans ces pages parler vrai, loin de toutes les turpitudes de la comédie humaine. Nous, les militaires, ne sommes pas des acteurs, qui nous mettons en scène. Nous pensons que la vérité et la liberté suffisent à une bonne communication, celle qui repose d'abord sur la sincérité et la dignité. Nos engagements sur le terrain sont souvent là pour rappeler que toute lâcheté se paie cash. La guerre se fait à balles réelles.

En cela, mieux faire connaître le métier militaire me semble nécessaire, alors que la suspension de la conscription depuis 1996 a éloigné structurellement les Français de leurs armées. Je ne veux pas que nos armées soient un simple instrument, une entreprise sous-traitante de sécurité. Elles sont l'armée de la totalité de la nation et doivent le demeurer. Ce livre peut contribuer à mieux expliquer qui sont les militaires, quel est notre état d'esprit, notre culture, notre organisation. S'il parvient à ce résultat pédagogique et à cette « vulgarisation » des sujets de défense, j'aurai atteint mon objectif.

Tous les problèmes dans quelque domaine que ce soit trouvent une traduction budgétaire. C'est ainsi que, dans le débat public, les discussions semblent n'être jamais que de chiffres. Mais s'opposer sur des documents comptables n'a de sens que si l'on sait exactement de quoi on parle. C'est pourquoi j'entends ici dire en priorité ce que sont notre défense et notre armée, la réalité du terrain et des enjeux.

Je souhaite bien sûr éviter toute entorse à la confidentialité qui doit entourer certaines données et respecter scrupuleusement le légitime devoir de réserve, garant de la loyauté des militaires envers les autorités politiques. J'ai assez souffert de difficultés en la matière quand j'étais chef d'État-major pour éviter ce piège.

Je voudrais prendre de la hauteur et me tourner « vers l'avant ». La France est grande quand elle s'émancipe de la caricature d'une Gaule encombrée de ses querelles sans fin pour le pouvoir. Dans les temps difficiles que nous traversons, mieux vaut faire de la stratégie que de la tactique. L'une voit loin, au-delà de la ligne bleue des Vosges, l'autre, tel le Solex d'autrefois, est « encalaminée » dans les difficultés quotidiennes et la gestion du court terme.

Mon but est d'expliquer ce que doit être un outil de défense utile et pertinent dans le monde d'aujourd'hui et de demain. Je souhaite aussi exposer quels sont les moyens nécessaires pour maintenir son niveau d'efficacité, de puissance et de rayonnement international. Enfin, je pense utile de rappeler quelles sont les responsabilités d'un chef militaire, aux ordres de l'autorité politique, garant des équilibres entre les objectifs opérationnels et les réformes organiques. Après plus de sept années au sommet des armées, je dispose sans doute des compétences utiles pour une telle évaluation. Sur ce plan, avant de commencer, peut-être est-il utile de rappeler quel est le rôle du chef d'État-major des armées, et qui fut l'homme qui a rempli ces fonctions au cours des dernières années.

Itinéraire d'un soldat

Sous l'autorité du président de la République, chef des armées, le CEMA assure le commandement de toutes les opérations militaires. C'est le cœur de sa fonction. Pour ce faire, il participe, désormais chaque semaine, au Conseil restreint de sécurité et de défense qui se réunit à l'Élysée, autour du président de la République. Il entretient avec lui une relation directe pour tout ce qui est du ressort des opérations conduites par la France. Il est, également, conseiller militaire du gouvernement et, à ce titre, sous les ordres du ministre des Armées. Il est aussi auditionné plusieurs fois par an par les commissions de l'Assemblée nationale et du Sénat lorsqu'elles le souhaitent. Il est par ailleurs responsable de l'organisation d'ensemble des armées, afin de maintenir leur cohérence et leur capacité. Pour cela, il conduit un processus de réformes permanentes. Enfin, les relations militaires avec les armées étrangères et les structures militaires de l'Union européenne et de l'OTAN relèvent de sa compétence ; et, par les temps qui courent, c'est bien prenant.

Mon objectif n'est nullement de « concurrencer » l'exercice de la revue stratégique, dirigé par Arnaud Danjean, pour qui j'ai une grande estime, ni la préparation de la loi de programmation militaire qui en découle. Je fais toute confiance aux autorités actuelles pour cela, à commencer par le général d'armée François Lecointre, mon successeur, dont j'apprécie depuis de nombreuses années le talent. Je veux simplement apporter ma vision stratégique à partir de mon expérience et, plus généralement, de mon existence, car c'est toujours l'expérience vécue et le parcours personnel qui nourrissent la réflexion des hommes.

Je viens d'une famille où le sens du service de la France se transmet dès le plus jeune âge, où, depuis des siècles, on compte un militaire à chaque génération. Une famille ancrée dans une terre, celle de Vendée. C'est là que je suis né et que j'ai grandi, à l'ombre des haies bocagères, dans le silence des futaies. Comme chez tous ceux qui ont vécu à la campagne, le rythme des saisons a été celui de ma jeunesse : se réjouir de débusquer les champignons dans l'humidité de l'automne, jouer sur la glace, observer le réveil de la flore au printemps, respirer le parfum de la terre encore chaude lors des soirées d'été. Cette cadence immuable façonne un homme. Notre époque trépidante nous a malheureusement coupés de cette incarnation du temps, d'un monde rural où la sincérité des relations prime sur les jeux d'apparence et les faux-semblants.

La Vendée, c'est aussi une terre où l'histoire compte peut-être davantage qu'ailleurs, en tout cas qui porte le souvenir vivace des guerres. Passionné de foot, je crois que j'ai joué sur tous les terrains vendéens. À la fin des matchs, il arrivait qu'on trinque au blanc et au rouge, aux bleus et aux blancs. Se souvenir du déchirement des guerres, c'est savoir combien il est long et pourtant nécessaire de surmonter les haines et de se réconcilier.

À dix-sept ans, je suis entré le 10 septembre 1973 au prytanée national militaire de La Flèche, à la date anniversaire de la mort au champ d'honneur de mon grand-père paternel au tout début de la guerre en 1914. Plus qu'une coïncidence, un symbole. C'est là que j'ai appris la véritable force de la camaraderie et les valeurs fondatrices de la vocation militaire. Et puis ce fut Saint-Cyr, trois années d'apprentissage parmi mes camarades de la promotion « Capitaine Guilleminot », un héros de la guerre d'Indochine, mort en Algérie en 1958. Il est important d'avoir des modèles au seuil de sa vie. Ainsi, on mesure combien notre passage sur cette terre est bref et qu'il s'inscrit dans la lignée de ceux qui nous ont précédés, en l'occurrence les milliers de saint-cyriens morts pour la France.

L'image me revient de mon premier capitaine au 2e régiment de dragons à Haguenau en Alsace, cette terre si attachante de patriotes : il n'est pas nécessaire d'y disserter longtemps pour savoir à quoi sert une armée. Cet officier, profondément humain et sympathique, était empli d'humour. Quelle chance j'ai eue. C'était alors la guerre froide, entre 1978 et 1982 ; je commandais quatre chars AMX 30. En face, mais je l'ignorais bien sûr à l'époque, l'actuel général Guérassimov, chef d'État-major général de Russie, commandait un peloton de chars T 62. Des années plus tard, plus de vingt après l'effondrement du bloc de l'Est, nous nous sommes rendu compte de cette coïncidence. Nous étions alors tous les deux, généraux, à la tête des États-majors français et russe. Le 23 décembre 2015, à Moscou, lors d'une conversation franche entre homologues, le ton a soudain changé quand nous avons saisi que nous nous trouvions l'un face à l'autre, trente-cinq ans plus tôt. « Nous aurions vaincu, m'a-t-il lancé, par notre force et la puissance de nos armes. – C'est faux, lui ai-je-répondu, nous aurions gagné par notre mobilité et notre souplesse ! »

Oui, nous l'avons gagnée, cette guerre, avec nos alliés, sans combattre, en nous appuyant sur la dissuasion nucléaire, l'esprit de défense et la maîtrise des rapports de force. « Si tu veux la paix, prépare la guerre. »

Je partis ensuite à Valdahon dans le Doubs, région aussi rude que somptueuse, diriger pendant trois années l'escadron d'éclairage de la 7e division blindée : cent trente cadres et soldats, pour l'essentiel des appelés du contingent, que l'on pouvait emmener au bout du monde, à condition de les aimer et de les commander avec respect et dévouement.

La passion du foot ne m'a jamais quitté, et sur le terrain, avant et après les matchs, où que je sois en poste, j'ai pu observer la force d'entraînement de faire partie d'une équipe, les jours de victoire comme ceux de défaite. Je repense au tournoi de sixte cadets (deux équipes de six joueurs, entre seize et dix-sept ans) que j'ai organisé en 1983 et 1984 à Saumur, où j'étais instructeur à l'École de cavalerie. Le SCO d'Angers et le FC Nantes, mon club de cœur depuis ma plus tendre enfance, avaient gagné une édition chacun, et Patrice Rio, défenseur des Canaris nantais, avait donné le coup d'envoi. Partager une telle passion, c'est nouer un dialogue magnifique avec la jeunesse, un dialogue que je n'ai jamais interrompu.

Être instructeur oblige : à Saumur, durant cinq années, j'ai formé des lieutenants. Mission exigeante : cet âge est sans pitié. Quelle richesse la carrière militaire nous procure en nous invitant à enchaîner des missions souvent bien différentes. « Toute autorité est un service. » Cette phrase a résonné ensuite pendant tout le reste de mes années militaires. L'important n'est pas l'exercice du pouvoir, mais celui de la responsabilité, tournée vers ses subordonnés pour le bien commun. C'était le cœur de mon message à mes officiers stagiaires.

En 1989 et 1990, je passai deux années à l'École de guerre, rythmées par les soubresauts de la chute du Mur et par l'organisation d'un forum international, intitulé *Une paix d'avance*. Une leçon de relations internationales grandeur nature pour mes camarades de promotion et moi-même. M'est souvent revenue, dans la suite de mon parcours, la phrase lancée par l'ambassadeur François de Rose : « Il faut penser l'impensable ! »

C'est en 1991 que je suis arrivé à Paris, en état-major, « pâlissant sur de noirs bouquins », suivant l'expression du chant entonné à Saint-Cyr, *Le Pékin de Bahut*. C'est alors que je me suis initié aux subtilités des finances publiques, une compétence qui me serait bien utile face à nos partenaires adversaires de Bercy. Austère métier, pour un homme de terrain, que celui du « crapahuteur de moquette », qui prend son

RER matin et soir, avec sa petite mallette remplie de documents. Servitude et grandeur militaires.

Entre 1998 et 2000, je pris le commandement d'un beau régiment : le 501e-503e régiment de chars de combat. Entre juin et novembre 1999, nous partîmes en mission au Kosovo à la tête du bataillon d'infanterie mécanisée, inséré au sein de la KFOR (force de l'OTAN). Il s'agissait d'une mission de premier mandat : les accords de paix à peine signés, la KFOR était envoyée, en passant par la Macédoine, afin de séparer les deux communautés albanaise et serbe qui s'étaient affrontées pendant des années. Je dirigeais un bataillon de mille hommes, plus de deux cent cinquante véhicules, dont cinquante blindés. Nous sommes arrivés dans un pays meurtri par la guerre, peuplé de communautés imbriquées les unes dans les autres, dans les mêmes villages. Les Serbes devaient se retirer en bon ordre vers le nord, tandis que les Albanais redescendaient des montagnes dans les villages. Une communauté devait également être particulièrement protégée : les Roms, martyrisés par les deux camps. Les accrochages armés étaient fréquents, les règlements de comptes à la kalachnikov, les trains qui déraillaient, les villages incendiés, les exactions nombreuses. Il n'y avait plus rien, plus d'État, plus de cadre. La guerre avait tout ravagé. Nous intervenions par la force, en patrouillant, et parfois une dizaine d'hommes suffisait à calmer la situation. Car la force fait reculer la violence. Même si seul le temps, une fois la paix revenue, peut dissiper des haines si profondes.

Une deuxième expérience dans un théâtre d'opérations lointain se déroula en Afghanistan, entre la fin de l'année 2006 et avril 2007. Je commandais une brigade multinationale, rassemblant deux mille cinq cents hommes environ de quinze nationalités. Un ancien entrepôt près de Kaboul avait été transformé en base opérationnelle. Nous étions en charge du centre du pays, c'est-à-dire de Kaboul et d'une région de cent kilomètres de diamètre autour de la capitale. Là, j'ai pu observer les ravages du terrorisme islamiste radical, mais aussi l'indispensable articulation entre sécurité et développement. Dès qu'un village était sécurisé, il fallait lancer une opération pour ouvrir une école, permettre l'approvisionnement. La population locale ne donne sa confiance que si le retour de la sécurité apporte les germes de la prospérité et la promesse du bonheur. Ma devise était : Ensemble, faisons progresser la paix.

Il m'est difficile d'entrer dans le détail et de raconter plus avant ces expériences. Les militaires ont une forme de pudeur. Ils n'ont pas envie de se raconter. Leur vie n'est pas matière à récits, ils ne font que leur devoir, ce pour quoi ils ont été formés, ce qu'ils ont choisi d'accomplir. J'ai toujours été marqué par les rencontres de ces héros malgré eux, qu'on ne fête jamais ou si peu. Eux, croyez-moi, ne se racontent pas.

Et puis, après ce temps béni du commandement, me voilà de retour à Paris pour découvrir plusieurs nouveaux métiers. J'ai été successivement auditeur dans l'armée de terre, adjoint à un administrateur civil à la direction des affaires financières du ministère de la Défense, stagiaire à l'Institut des hautes études de défense nationale et au Centre des hautes études militaires. Autant d'expériences et de défis professionnels, qui exigent de la modestie. Pendant ces années, j'ai appris qu'en réalité le plus facile est d'aller chercher chez les autres les bonnes idées. C'est moins fatigant et plus efficace. Par la suite, cela m'a bien facilité les choses. Commander, c'est faire confiance.

Tout au long de ce parcours, j'ai été très frappé du décalage que l'on constate entre la perception de la France à l'étranger et le « déclinisme » ambiant dans notre pays. Je crois au génie français. Je souhaite que ces pages contribuent à redonner de la fierté à nos concitoyens. La France est grande quand elle est unie. Notre jeunesse, contrairement à l'impression qu'elle peut donner parfois, a soif d'idéal et de grands espaces. Je l'aime profondément. Au-delà de l'optimisme de volonté indispensable, je souhaite que ce livre soit un signe d'espérance pour la France.

Chapitre 1

Ce monde est dangereux

Commençons par la traditionnelle question : qui est l'ennemi, ou au minimum l'adversaire ? Là est l'interrogation fondamentale qui doit donner la mesure de tout le raisonnement, lorsqu'on traite des questions de défense.

Ma conviction profonde est la suivante : les temps à venir seront difficiles. Nous avons le devoir de regarder la réalité en face, sans la noircir, ni l'exagérer, mais avec le souci d'appréhender le monde actuel, tel qu'il est et tel qu'il évolue.

La force régulatrice des États souverains, comme celle des pôles de sécurité collective, est fortement fragilisée par l'affirmation de deux menaces distinctes, mais non disjointes : d'une part, le terrorisme islamiste radical ; de l'autre, la menace nouvelle que fait peser le retour des États-puissances.

L'histoire s'écrit sous nos yeux

La journée du chef d'État-major des armées commence tôt le matin par la lecture des événements des vingt-quatre heures précédentes. Chaque jour, en moyenne, au cours des derniers mois, on recensait de l'ordre de quatre ou cinq attaques dans le monde entier, faisant parfois plusieurs dizaines de victimes. Les faits sont têtus.

Ces attaques étaient d'abord le fait du terrorisme islamiste radical. Cette idéologie nihiliste envisage la violence barbare comme un recours ordinaire. Pour reprendre les mots mêmes de notre ancien ministre de la Défense, Jean-Yves Le Drian, il s'agit « d'un terrorisme purement destructif dans ses buts ».

Cette stratégie d'expansion et de destruction est mise en œuvre, d'un côté, par des réseaux structurés, préparés, entraînés, capables de frapper à grands coups (l'exemple le plus saisissant est l'attaque du Bataclan, à Paris) ; et, de l'autre, par des individus radicalisés et isolés, mais sous influence, capables de frapper partout : Nice, Saint-Étienne-du-Rouvray, Carrousel du Louvre, Orly, Champs-Élysées, Levallois, Marseille, mais aussi Bruxelles, Istanbul, Berlin, Londres, Barcelone, etc. La liste s'allonge chaque mois. Comme l'écrit justement Alain Bauer, « Daech possède à la fois des agents très expérimentés qui sont leurs salariés – les lions du califat –, des sous-traitants qu'ils contrôlent indirectement – les soldats du califat – et aussi toute une série d'opérateurs dont ils ne connaissent parfois pas l'existence, mais qui, rétrospectivement, signalent leur allégeance[1] ».

À côté et en simultané du terrorisme subsiste la menace qui résulte du retour des États-puissances. Aux portes de l'Europe, en Asie, au Proche et Moyen-Orient, de plus en plus d'États mettent en œuvre des stratégies qui reposent sur le rapport de force, voire le fait accompli. La dynamique stratégique mondiale est de plus en plus agressive. Elle fait la part belle au déni d'accès qui met en cause ce que nous tenions pour acquis, c'est-à-dire la liberté de circulation et la liberté d'action, dans le respect du droit international. C'est ce qui s'est passé en Crimée, c'est ce qui se passe en mer de Chine, c'est ce que l'on observe également sous les mers : les eaux territoriales sont désormais régulièrement remises en question. Mais aussi dans les airs : ces derniers mois, des avions militaires russes ont survolé l'espace aérien de plusieurs pays européens, dont la France, sans y être invités. Il y a là un risque majeur de déstabilisation qu'on aurait tort d'ignorer ou, tout simplement, de sous-estimer.

1. Alain Bauer, *Qui est l'ennemi ?*, Paris, CNRS Éditions, 2015.

En réalité, les rapports de puissance qui existent entre nous et nos adversaires potentiels – je parle ici autant de l'ennemi terroriste que des États-puissances – sont profondément modifiés. Des bandes armées entendent se poser en États et des États se comportent parfois comme des bandes armées. L'histoire s'écrit sous nos yeux.

L'ennemi : le terrorisme islamiste radical

Le contexte international se dégrade. Lors de son intervention du 16 novembre 2015, devant le Congrès rassemblé à Versailles, le président de la République, François Hollande, a clairement désigné notre ennemi : le groupe Daech et les islamistes radicaux.

Certes, Daech est aujourd'hui en perte de vitesse. Il est fort probable et heureux que soit totalement perdue son emprise territoriale en Irak et en Syrie à court terme. Ce n'est pas pour autant que la menace du terrorisme islamiste radical sera éradiquée, loin s'en faut. On ne doit pas s'habituer au terrorisme ; ses attaques ne doivent jamais être banalisées, ce ne sont ni des faits divers, ni des accidents de la circulation.

Qui sont-ils ?

C'est un réseau d'individus sectaires, djihadistes islamistes radicaux, qui poursuit un projet global de subversion politique et religieuse. Ce projet est parfaitement raisonné ; il a été théorisé depuis les années 2004-2005, notamment dans un texte d'Abu Bakr Naji, traduit en français en 2007 sous un titre parfaitement explicite : *Gestion de la barbarie.*

Ce projet vise à l'implosion des sociétés, à l'installation d'un chaos propice à l'émergence d'un néo-califat. Voilà le but de tous ces mouvements terroristes ! Le terrorisme n'est pour eux qu'un moyen parmi d'autres de parvenir à leurs fins. Nous ne faisons pas la guerre à un procédé. Nous ne faisons pas la guerre à un terrorisme désincarné ; nous faisons la guerre à ces groupes djihadistes.

Quelle est leur stratégie ?

Elle passe d'abord par un enracinement territorial, qui ignore les frontières des États. Peu importe l'étiquette ou le nom revendiqué – Daech, al Qaida au Maghreb islamique (AQMI), al Qaida dans la péninsule Arabique (AQPA), al Nosra –, ce ne sont que des masques et ces groupes possèdent tous la même matrice. N'oublions pas qu'al Qaida avait trouvé une base chez les talibans en Afghanistan ; qu'au Sahel, AQMI voulait instaurer un califat ; que Boko Haram au Nigeria et les Shebab de Somalie prétendent eux aussi administrer des territoires.

Ces territoires, comme ceux que contrôle encore Daech au Levant, procurent, à une échelle qui n'a pas de précédent, soutiens et ressources : finances, mais aussi, et surtout, exécutants.

Cette assise territoriale est leur centre de gravité. C'est à partir de ce fief qu'ils planifient, préparent, télécommandent leurs attaques ; c'est à partir de ces bases qu'ils embrigadent, fanatisent, entraînent les candidats au djihad.

Tous ces groupes poursuivent la même stratégie d'expansion et de subversion. Ils essaiment dans la bande sahélo-saharienne, au Sinaï, au Yémen, en Libye. Le djihadisme islamiste vise une connexion opérationnelle, voire géographique, de différents groupes : au Moyen-Orient, au Sahel et dans la Corne de l'Afrique. Tous les continents sont à présent touchés par la gangrène du terrorisme islamiste radical : de l'Europe aux États-Unis, de l'Afrique bien sûr à l'Asie du Sud-Est et même aujourd'hui à l'Amérique latine, au Brésil plus particulièrement.

Trois éléments caractéristiques de ces groupes me semblent essentiels.

– le pouvoir d'attraction

La force de Daech ne réside pas uniquement dans le nombre de ses recrues ni dans ses capacités de financement tirées du pétrole, des trafics et des razzias ;

elle tient surtout à l'attraction, voire à la fascination qu'elle exerce.

Daech met en avant une caricature religieuse et spirituelle qui donne de l'épaisseur à la motivation de ses recrues. C'est parce qu'il fournit une identité de substitution, à travers l'évocation d'un passé idéalisé et d'un futur fantasmé, que cet idéal dévoyé trouve une résonance chez certains – plutôt jeunes – désespérés, exclus, affamés, humiliés – que les situations vécues soient réelles ou supposées n'y change pas grand-chose. La pauvreté reste le principal, mais non le seul terreau du terrorisme. La prison, la mosquée radicale et les réseaux sociaux sont les trois vecteurs les plus fréquents, de recrutement et de radicalisation des islamistes. Le terrorisme prospère également sur des terrains de fragilité psychiatrique, mais aussi sous l'effet d'usage de stupéfiants. Les réseaux terroristes qui cherchent toujours à se camoufler dans le tissu social le font aujourd'hui plus facilement dans des quartiers de banlieue difficiles à contrôler que dans des campagnes reculées, comme c'était l'habitude des Basques de l'ETA, par exemple. Les conditions d'émergence sont différentes, mais elles portent toujours la marque de l'islamisme radical.

– les modes d'action utilisés

Ils visent à contourner la puissance des pays occidentaux. L'accès aux technologies se banalise et ouvre des possibilités infinies en matière d'agression. Ainsi, les technologies classiques de défense se trouvent fragilisées, voire inefficaces face à des modes d'action asymétriques. Les attaques avec des véhicules suicide, des engins explosifs improvisés, des mines, des *snipers* se multiplient. Ainsi, on a vu apparaître en Irak, à l'occasion de la reprise de Mossoul, des petits drones largueurs d'explosifs, qui ont fait d'importants dégâts dans les forces de sécurité, notamment irakiennes. Ces modes opératoires sont d'autant plus dangereux qu'ils sont peu coûteux, aisément accessibles et reproductibles, et qu'ils se combinent facilement à l'idéal de mort et au fanatisme des djihadistes. À Mossoul et Raqqa, les terroristes kamikazes avaient parfois une douzaine d'années avec un nombre sans cesse croissant de jeunes filles.

L'emploi de ce type de modes d'action au cœur de Paris marque une rupture non seulement d'échelle, mais aussi de nature. Ce sont des actes de guerre. C'est ainsi qu'il faut qualifier l'utilisation d'armes réservées jusqu'ici aux théâtres de guerre comme les kalachnikov, les explosifs télécommandés par des artificiers depuis des téléphones ou des ordinateurs. Il y a quelques mois, sur les Champs-Élysées, une étape a été franchie avec la mise en œuvre d'un véhicule bourré d'explosifs qui, par chance, n'ont pas fonctionné. Sur notre sol, les actes mêmes dépassent en barbarie ce que nous avions connu. Jusqu'à présent, en France, il y avait eu des attaques au couteau, mais on n'égorgeait pas. La sauvagerie est systématiquement utilisée pour frapper les esprits. On atteint ainsi un niveau de violence qui dépasse tout ce qu'on avait pu vivre avec le grand banditisme et les plus graves troubles à l'ordre public.

Face au caractère radicalement nouveau de cette menace, les soldats de l'opération Sentinelle ont apporté une réponse militaire d'un extraordinaire sang-froid. À plusieurs reprises, ils ont ouvert le feu, neutralisant à tous coups les terroristes sans faire de victimes parmi les civils présents sur les lieux de l'attentat.

Comme le remarque judicieusement Gilles Kepel dans *La Fracture* (Gallimard/France culture, 2016) : « Notre pays s'est installé graduellement dans une guerre civile larvée », une guerre dans laquelle la protection de l'armée est devenue indispensable. Cette horreur révèle le lien étroit entre la sécurité extérieure et la sécurité intérieure ; nous parlions de ce risque depuis le Livre blanc[1] de 1994 : nous y sommes !

À ces modes d'action, il faut ajouter les attaques continues et efficaces dans le champ de l'influence et

1. Le Livre blanc fixe la stratégie française de défense et de sécurité nationale. Le premier date de 1972. Principes, priorités, cadres et moyens mis en place pour assurer la sécurité des Français et de la France en découlent. Les Livres blancs servent également de socles aux lois de programmation militaire périodiquement votées.

des perceptions. Elles véhiculent, par Internet et les réseaux sociaux, une propagande agressive, réactive et de grande qualité technique qui vise à discréditer nos valeurs et notre modèle de société. Les attaques dans ce champ immatériel procurent à l'adversaire des résultats exceptionnels, en termes de rapport coût/efficacité. Avec une cyberattaque bien ciblée, on peut déstabiliser un réseau de commandement ou un système logistique civil à l'arrière. Qu'on ne s'y méprenne pas : les terroristes islamistes radicaux comptent dans leurs rangs des hackers qui ont prouvé une compétence au moins égale à celle qu'on trouve en Russie, en Chine, en Europe ou aux États-Unis.

Cette propagande, cette idéologie incarnée par une théâtralisation de l'horreur, nourrissent la violence en lui donnant une résonance sans précédent. Son bilan est impressionnant d'efficacité ; elle crée un appel d'air de candidats terroristes et agit également sur une partie de notre propre population. Ils utilisent parfaitement l'ambivalence de nos moyens de communication et de notre société de l'information immédiate et continue. En cela, cette propagande menace nos démocraties et fait surgir la violence en leur sein.

– le jusqu'au-boutisme

Je veux l'évoquer en tant que tel, car il conditionne la dimension psychologique du combat que nous engageons. Dans sa fuite en avant, Daech, emblématique de tous les groupes terroristes, recherche la rupture par une surenchère de la terreur. Il s'appuie en cela sur le mépris de la mort de ses djihadistes. Cette terreur, mise en scène, vise un effet de sidération chez la victime et alimente les forces que j'appellerais « immorales » des terroristes. Aujourd'hui, parmi les membres des katibats (bandes armées locales) – quel que soit l'âge de ces hommes ou de ces femmes –, la seule compétition qui vaille est souvent celle du martyre. Les exactions d'une cruauté sans nom commises en Syrie, en Irak, en Libye sont le produit d'une totale désinhibition de la violence chez les djihadistes : viols, décapitations, tortures les plus abjectes, crucifixions publiques, esclavage des femmes. Tout cela à moins de quatre heures de vol de la France. Et quasiment en direct sur Internet.

Face à cet adversaire, face à cette idéologie, face à cette situation sécuritaire, nous devons inscrire nos actions dans le temps long. Vaincre demandera des années d'endurance, de constance et de persévérance.

La menace des États-puissances

Le retour des États-puissances est la deuxième ligne de conflictualité majeure.

En dépit des efforts diplomatiques des dernières années, la crise ukrainienne n'est toujours pas réglée et l'évolution de la situation est incertaine. Les accrochages militaires se poursuivent dans les zones contestées. En réalité, la tension géostratégique se propage dans tout l'est de l'Europe où beaucoup de pays membres de l'Alliance se sentent menacés par la Russie. J'ai personnellement pu mesurer ces inquiétudes profondes lors de chacun de mes voyages dans les pays Baltes et en Roumanie, notamment. Les mesures de réassurance dans le cadre de l'OTAN visent précisément à stabiliser cette situation et à apporter les garanties nécessaires à ces pays inquiets.

Plus au sud, la tenaille chiites-sunnites enserre en profondeur la problématique au Moyen-Orient, au-delà de tous les événements de surface. La Syrie est un point d'application de ce retour des États-puissances et de la rivalité potentiellement conflictuelle entre les chiites iraniens et les sunnites saoudiens. Le Yémen est également une illustration de ces tensions. Aujourd'hui, les Saoudiens cherchent à repousser l'offensive des houthis chiites, soutenus par les Iraniens. Tous ces conflits nous concernent indirectement, car ils favorisent un terreau propice au développement du terrorisme.

« Les nuages noirs sur le Pacifique », suivant l'expression judicieuse de Renaud Girard, sont peut-être les signes annonciateurs d'une prochaine tempête en mer de Chine. Les tensions physiques entre les bateaux des différentes marines – chinoise, américaine, japonaise – sont récurrentes, autour de la revendication territoriale de certaines îles. Simultanément, le dossier nord-coréen illustre ces tensions interétatiques entre les différentes puissances, sur fond de prolifération nucléaire.

Au final, ce bref survol de l'état du monde souligne combien les États dotés d'un exécutif fort sont capables de mettre en œuvre une stratégie et de s'y tenir, y compris par la force. Il y a là un vrai défi pour nos démocraties occidentales.

Signe de cette montée des tensions : le monde réarme. Après des décennies de stagnation ou de baisse, le cycle s'est inversé en 2015. Les ventes d'armes dans le monde ont même retrouvé, en 2016, leur niveau de la fin de la guerre froide. Les dépenses militaires représentent environ 1 700 milliards de dollars, soit 2,3 % du PIB mondial.

En Europe, depuis deux ans, les budgets de défense repartent timidement à la hausse, et encore, pas de façon homogène. Pris dans leur ensemble, les pays européens ne consacrent que 1,2 % de leur PIB à la défense, quand les États-Unis y investissent 3,3 % et la Russie, 5,4 %. Ce « désarmement relatif » des Européens entraîne, mécaniquement, un moindre investissement dans la préparation de l'avenir, celui de « la paix d'avance ». Avec environ 10 milliards d'euros de dépenses de recherche et développement, les pays européens s'inscrivent dans un rapport de 1 à 9 avec les États-Unis. Ce n'est plus tenable. L'avantage technologique dont disposaient l'Europe et l'Occident est en train de fondre. L'heure de la fin de l'insouciance a sonné.

Trois illustrations suffisent. La Chine augmente, cette année, ses dépenses militaires de 7 % qui s'élèvent à 143 milliards d'euros. Aux États-Unis, le président Donald Trump a proposé, pour 2018, une hausse historique de 54 milliards de dollars, pour atteindre 639 milliards. On parle à présent d'un budget pouvant atteindre jusqu'à 700 milliards, intégrant l'accroissement du coût des opérations extérieures et l'achat d'équipements nouveaux. L'Allemagne, enfin, a voté une augmentation de 8 % du budget de la défense, entre 2016 et 2017. Elle a prévu en quatre ans de passer de 1,2 % à 1,5 % du PIB pour les dépenses de défense, ce qui lui donnera, à périmètre comparable (hors nucléaire et en tenant compte de la valeur du PIB), le leadership européen dans ce domaine, si nous n'augmentons pas sensiblement notre budget de défense.

D'ailleurs, la France a bénéficié de ce phénomène mondial de réarmement en 2016, avec une prise de commande de l'ordre de 16 milliards d'euros pour les exportations d'armement.

Les désordres du monde

Ne sous-estimons pas non plus la misère qui pousse des centaines de milliers d'hommes, de femmes et d'enfants à prendre tous les risques pour rejoindre l'Europe. Pour toutes ces personnes, la mort est-elle pire que le rêve brisé ? Les phénomènes de migration seront incontestablement un facteur majeur de déstabilisation, notamment de l'Europe, dans les années qui viennent, illustrant malheureusement la phrase de Houari Boumédiène prononcée il y a plus de soixante ans : « Un jour, des millions d'hommes quitteront les parties méridionales pauvres du monde pour faire irruption dans les espaces relativement accessibles de l'hémisphère nord, à la recherche de leur propre survie. » Des flux migratoires que le réchauffement climatique risque d'aggraver dans l'avenir.

Car la réflexion stratégique est indissociable de tous les bouleversements qui menacent notre planète. Consciente de cette nécessaire convergence, la sénatrice Leila Aïchi avait organisé le 13 octobre 2015 un colloque au thème aussi naturel qu'inattendu : *Militaires-Écologistes : guerre ou paix ?* C'est ainsi que je me suis assis à la tribune aux côtés de Brice Lalonde et de José Bové. Nous nous sommes retrouvés sur la protection de la nature, le souci d'inscrire l'action humaine dans le temps long, de lutter contre le réchauffement climatique, de faire face aux migrations, bref de faire en sorte que le développement et la sécurité soient également durables. Les débats ont mis en évidence la dimension mondiale de ces problématiques. Qu'il s'agisse de phénomènes écologiques ou humains, de dérèglements des biotopes, nous assistons à une compétition accrue pour les ressources naturelles, qui risque d'entraîner des tensions géostratégiques. Autant de menaces qui appellent un renforcement de la coopération internationale.

Au surplus, la faiblesse d'un certain nombre d'États, exerçant avec peine leurs responsabilités régaliennes et ne respectant pas leurs engagements internationaux, est une source supplémentaire de risques. Le Livre blanc sur la défense et la sécurité nationale en 2013 soulignait déjà cette évolution, en insistant notamment sur l'Afrique subsaharienne, une zone de grande fragilité, sur fond de pauvreté chronique, de crises politiques et de guerres civiles. La situation en Libye illustre cette situation : un État avec deux Parlements, deux gouvernements, des frontières totalement poreuses et le trafic généralisé, que ce soit pour les hommes, la drogue et tous types de produits. La situation dans les Balkans est également préoccupante, sous l'effet de migrations non contrôlées, de trafics multiples et de la montée en puissance des islamistes radicaux.

Il ne faut pas oublier la morosité des perspectives économiques, qui ajoutent à l'incertitude et compliquent la mobilisation des ressources nécessaires pour adapter les outils de défense aux défis sécuritaires. L'Europe, semble-t-il, est juste en train de commencer à sortir de ce syndrome du décalage entre la perception des menaces et les décisions concrètes à prendre pour y faire face. Nous y reviendrons. Mais il faut bien garder à l'esprit que nos adversaires connaissent cette faiblesse.

Globalement, la guerre, l'affrontement, sont de retour de façon durable, avec une multiplication de crises de plus en plus violentes, qui nous menacent très directement, d'autant que l'environnement est propice à la montée des tensions. Le cadre espace-temps ne cesse de se contracter, tiré par la pression de l'instantané et le rétrécissement du monde. La circulation de l'information contraint d'ailleurs le chef militaire à communiquer en préventif, de peur d'être obligé de le faire en réactif. Lorsqu'un soldat français décède en opération, c'est bien souvent une course de vitesse pour prévenir la famille, avant que la nouvelle ne sorte et qu'elle ne l'apprenne directement dans les médias. Ce qui se passe à l'autre bout du monde peut faire l'objet d'une préoccupation majeure dans notre opinion par une simple photo ou une dépêche d'une agence de presse. On se souvient d'Aylan, cet enfant syrien mort en 2016, gisant abandonné sur la plage. Cette photo a fait le tour du monde en quelques minutes, focalisant l'opinion publique mondiale immédiatement et pendant plusieurs jours sur la problématique des migrants. Daech utilise remarquablement cette mondialisation de l'information pour recruter ses terroristes et valoriser ses actions par une manœuvre de contre-information permanente.

En outre, l'adversaire sait opportunément exploiter toute faille ou faiblesse pour servir sa logique de conquête. Ainsi, une stratégie insuffisamment claire, une impasse sur un seul des segments du spectre des menaces ou la méconnaissance des intentions profondes de l'ennemi sont immédiatement utilisées contre nous-mêmes et nos alliés. Thucydide écrivait déjà judicieusement : « La force de la cité n'est pas dans ses remparts, ni dans ses vaisseaux, mais dans le caractère de ses hommes. » Le débat entre la force et la violence est fondamental sur ce plan. À la lumière du terrorisme, la violence est un déni de l'autre, alors que la force implique une retenue de la puissance. La force se refuse à la cruauté, à laquelle la violence conduit souvent. La force peut être affirmée, quand la violence se déchaîne. D'un côté, il s'agit d'une passion raisonnée ; de l'autre, d'une passion dévastatrice. La période de paix – sans précédent dans l'histoire – que nous avons vécue a fini par chasser de notre vision de l'avenir la possibilité d'une guerre, au sens classique du terme. Mais dans le même temps se développe une idéologie qui récuse l'idée même de paix et ne voit le monde qu'en état de guerre permanent.

Restons donc convaincus que la violence recule là où la force avance. Le maintien d'une force militaire en capacité de s'opposer à la violence est une responsabilité collective. Elle conditionne la solidité de l'organisation de notre société et permet ce fameux « vivre ensemble », cette cohésion nationale, dont nous parlons tant et que nous avons tant de mal à appréhender dans ce nouveau contexte.

Reste que l'adversaire est difficile à cerner. Et que ces deux menaces disjointes se rejoignent parfois dans le même terrain. Distinctes, ces deux lignes de conflictualité sont bien souvent en interaction. L'action terroriste n'est pas exclusive d'une intervention ou d'une instrumentalisation menée, en sous-main, par un État-puissance, au service de sa stratégie nationale. Il y a là comme une ambiguïté qui accroît la complexité du monde que nous devons affronter. En Syrie, par exemple dans la zone au nord-ouest de Raqqa, sur un carré de terrain de vingt kilomètres de côté, il n'était pas rare, il y a encore quelques semaines, de trouver simultanément des terroristes de Daech, des milices « modérées » syriennes, des soldats russes, américains, turcs, syriens, au milieu de la population terrorisée par les différentes attaques.

Au bilan, l'ensemble de ces facteurs modifie en profondeur la physionomie des crises, dont l'intensité et la simultanéité nous ont fait basculer dans une nouvelle ère.

Il est donc urgent de réapprendre à penser la guerre, qui a changé de visage.

Chapitre 2

Le nouveau visage de la guerre

Depuis deux décennies, plus précisément depuis la première guerre du Golfe, la France est continuellement et militairement engagée. Mais elle doit s'adapter aux nouvelles conflictualités du XXIe siècle. Certains principes – frontières, respect des accords internationaux, indépendance, alliances – sont mis à l'épreuve par ces nouvelles formes de conflictualités qui diffèrent par leur mode d'action, les champs d'application, ainsi que les acteurs.

Le code génétique des conflits est en mutation. Les acteurs sont de nature très diverse : États, proto-États, organisations non étatiques ; les « combattants » des conflits en devenir sont des soldats plus ou moins officiels, voire privés, des hackers, des adversaires de circonstance agissant sur le territoire national comme en dehors, polyvalents et capables de muter rapidement. Par exemple en Syrie, plus de mille groupes armés se mêlent et s'entremêlent dans des alliances locales de circonstance. En Crimée, la stratégie hybride a consisté à utiliser tous les moyens d'action, y compris la désinformation et les milices paraétatiques.

Les 7 *d*

Ce constat permet d'identifier sept caractéristiques structurantes des engagements actuels et futurs ; sept mots qui commencent par un *d*.

Le durcissement

Les forces armées sont aujourd'hui confrontées à l'usage systématique de la violence, y compris dans la lutte antiterroriste sur le territoire national. Les opérations de maintien de la paix sous l'égide de l'ONU ou de l'Union européenne n'échappent pas à cette dynamique de confrontation et d'usage de la force, subissant de nombreuses attaques meurtrières, notamment dans les convois logistiques. Ainsi, dans l'opération Barkhane, compte tenu de l'élongation du front, le ravitaillement logistique est fondamental, et il arrive fréquemment que des convois apportant nourriture, pièces de rechange, munitions, carburant, se fassent attaquer par des mines télécommandées ou des engins explosifs improvisés déclenchés au passage des véhicules sur les pistes.

Par ailleurs, les mouvements terroristes, comme les milices affiliées à un État, se jouent des frontières étatiques, autrefois protectrices. Ils disposent désormais de capacités de déni d'accès qu'ils mettent en œuvre contre l'ensemble des belligérants, y compris contre les États-puissances. Quant à ces derniers, ils ont prouvé à de nombreuses reprises au cours des derniers mois qu'ils sont en mesure de déployer une gamme complète de capacités conventionnelles, identique voire supérieure à celle détenue par la France. Heureusement, à ce stade, il ne s'agit que de démonstrations de force. Vous comprendrez qu'ici je ne puisse pas aller plus loin pour des raisons de secret de défense nationale.

Les combats actuels, où qu'ils aient lieu, sont systématiquement intenses et nécessitent, à des degrés divers, l'engagement de tous les équipements utiles au combat (les capacités cinétiques conventionnelles dans notre jargon), dans tous les milieux. Les centaines de blessés aujourd'hui en opération, physiques ou post-traumatiques, nous obligent : nous ne pouvons plus traiter des problèmes de défense avec une approche comptable comme nous l'avons connue dans les années 2000. Il y va de la vie ou de la survie de nos soldats, marins ou aviateurs. Le niveau de violence de nos adversaires l'exige. Il n'est pas rare que nous terminions les engagements à quinze mètres de nos agresseurs, parfois quasiment au corps à corps, en particulier dans la bande sahélo-saharienne. À la fin de l'année 2013, dans le cadre de l'opération Sangaris, nous sommes arrivés en République centrafricaine et avons assisté à des scènes d'une sauvagerie inouïe : il a fallu s'interposer entre des hommes s'attaquant à la machette, se trouver face à d'autres qui décapitaient à l'arme blanche leurs voisins, empêcher des lynchages. Nous sommes confrontés à un degré de violence auquel nul ne peut se préparer.

La durée

Nous n'en sommes plus aux interventions ponctuelles dans l'espace et dans le temps. La phase militaire de la majorité des engagements extérieurs dure en moyenne une quinzaine d'années. La difficulté que l'on recontre à instaurer des stratégies de paix laisse craindre le développement du phénomène de « pourrissement » des conflits. Sur le territoire national, la conjonction de la menace terroriste élevée et de la sensibilité politique que constituerait un abaissement du niveau d'engagement rend difficilement envisageable, à court et moyen terme, le retrait des forces armées. Ainsi, il est impossible aujourd'hui de prévoir la fin de l'opération Barkhane et le désengagement de nos troupes dans la bande sahélo-saharienne. La concomitance de ces déploiements qui s'installent dans la durée engendre, d'ores et déjà, un phénomène d'usure des ressources humaines et matérielles. Cette durée s'accommode mal du rétrécissement du temps décrit précédemment, souvent sous la pression médiatique. Le temps politique exige des résultats immédiats, quand la dissipation de la haine dans les populations nécessite que le temps fasse son œuvre. Je l'ai vécu personnellement au Kosovo entre les communautés albanaise et serbe. Quand votre voisin a exécuté votre frère, après l'avoir torturé, il est difficile de pardonner ou tout simplement de vivre ensemble, même en quelques années. Il faut du temps. Il y a là un point paradoxal d'évolution récente. Plus de durée, mais moins de délai.

Le délai

La recherche d'une contraction maximale du temps de réaction, par rapport à un événement ou à une information, a toujours constitué un facteur de supériorité. Mais sous l'influence des phénomènes combinés de mondialisation et de digitalisation, l'immédiateté s'impose désormais comme un facteur de supériorité dans les interactions. Ainsi, dans Barkhane, la meilleure défense de nos adversaires est la mobilité constante : déplacer le bivouac tous les soirs, changer de position très fréquemment, le tout dans le silence radio le plus total. La clef est donc d'obtenir le bon renseignement au bon moment afin de pouvoir agir sans délai. Or de lourdes contraintes techniques pèsent dans cette course à l'optimisation de la collecte, du traitement et de l'analyse de données. Cette pression représente, également, un défi majeur pour les dirigeants, qui manquent de temps pour élaborer une vision et une stratégie correspondantes. Quand on voit les agendas des chefs d'État aujourd'hui, on se demande vraiment quand ils ont le temps de réfléchir posément. J'ai moi-même souffert à mon niveau de ce syndrome et j'ai dû lutter au quotidien pour préserver des moments de réflexion.

Tout nous tire vers la tactique et l'action immédiate, au détriment d'une vision stratégique et d'un effet à obtenir dans la durée. C'est un des points majeurs qui expliquent que l'on ait gagné des guerres et perdu des paix ces dernières décennies. Avant chaque nouvel engagement militaire, le chef d'État-major des armées doit poser à son autorité politique la question de l'effet final recherché, plutôt que celle du traitement à court terme de la violence immédiate inacceptable dans nos sociétés, où l'émotion l'emporte souvent sur la réflexion. Sans bonne stratégie, la meilleure des tactiques est d'un faible rendement. Sans supériorité tactique, la meilleure stratégie est défaillante.

La dispersion

Les opérations extérieures sont menées dans des zones géographiquement éloignées de la métropole et les unes des autres. Barkhane au Sahel s'étend ainsi sur un front de quatre mille kilomètres et une profondeur de mille kilomètres. Cette dispersion et les élongations des théâtres d'opérations rendent primordiales les capacités de projection, de commandement et de renseignement, et imposent de disposer de bases, de points d'appui et de déploiement permanents, à proximité des zones de crise. La dispersion des forces engagées dans les opérations intérieures est également considérable : Sentinelle sur l'ensemble du territoire métropolitain, Harpie en Guyane (opération destinée à lutter contre l'orpaillage clandestin), forces de souveraineté et postures permanentes de sûreté maritime et aérienne dans le monde entier. C'est une des raisons des difficultés actuelles que nous rencontrons dans l'emploi de nos forces, au plan logistique comme dans le domaine du commandement. Ce facteur de dispersion doit absolument être pris en compte à sa juste mesure en cohérence avec les contrats opérationnels et les moyens dédiés.

La dissémination

Certaines guerres sont conduites « par procuration » par des milices, des groupes armés de circonstance, véritables armées hybrides. Elles associent des capacités de déni d'accès dans tous les domaines, dont le cyber, déploient des armements lourds et sophistiqués (dissémination de missiles dont certains peuvent atteindre des cibles situées à des milliers de kilomètres), agissent par influence dans tous les champs de confrontation. Le modèle de ces milices est le Hezbollah, cette milice chiite créée en 1982. Ce modèle a aujourd'hui essaimé. Ces groupes (milices chiites, sunnites, kurdes, palestiniennes, russophones, ukrainiennes…), dont l'assise est généralement communautaire, sont sous influence confessionnelle ou mises en place par des États-puissances pour défendre leurs intérêts durablement au sein d'États faillis ou diminués.

La dissémination, c'est l'état du monde actuel. Le danger est partout. Aucun continent n'est en paix. Les tensions sont multiples ; les crises multiformes et interdépendantes. Les organisations internationales, dont la vocation est la régulation des conflits, sont en difficulté. On le voit avec l'OTAN et l'Union européenne. On le voit aussi avec l'ONU, dont la réforme court en permanence derrière les évolutions sécuritaires. Les forces de maintien de la paix souffrent parfois d'équipements inadaptés, c'est vrai, mais elles sont également bien souvent en panne de doctrine. On l'a vu au Mali ou en République centrafricaine.

D'ailleurs, de plus en plus de coalitions dédiées se constituent pour faire face à la guerre. C'est le cas de la coalition au Moyen-Orient pilotée par les États-Unis et du G5 Sahel[1] dans la bande sahélo-saharienne, largement soutenu par la France.

La désinhibition

Notion ancienne quand il s'agit de mener une guerre totale ou « hors limites », elle fait aujourd'hui apparaître le fossé qui existe entre les États respectant le droit « de » et « dans » la guerre et les ennemis qui le bafouent, parce qu'ils estiment qu'il n'est que celui du monde occidental. Pour l'ennemi, le respect du droit et la référence aux valeurs humanistes sont une vulnérabilité qu'il s'agit d'exploiter en poussant à la faute éthique. Le terrorisme islamiste radical fonde sa stratégie sur la violence extrême et l'emploi d'armes jusque-là communément prohibées, qu'il met en image pour déstabiliser psychologiquement les sociétés occidentales. Face à cela, nos repères se brouillent, alors que nous nous référons à un système de droit qui distingue traditionnellement état de paix et état de guerre, combattants et non-combattants. Le risque principal, pour les forces armées, serait de dériver vers un mimétisme des modes opératoires qui se rapprocheraient de ceux de nos ennemis, conduisant,

1. Le G5 Sahel est le cadre institutionnel de coordination et de suivi de la coopération régionale en matière de politiques de sécurité et de développement. Créé en 2014, il regroupe cinq États : la Mauritanie, le Mali, le Burkina Faso, le Niger et le Tchad.

inévitablement, à altérer la légitimité internationale de la France et celle des armées au sein de la nation.

Simultanément, le deuxième risque serait de déconnecter le droit de l'éthique chez nos militaires. Or, ces notions sont deux éléments constitutifs d'une même boussole qui guide l'action de nos armées. Une des qualités principales du soldat français au combat est la maîtrise de soi, écartant tout sentiment irrationnel même pour venger un camarade tombé à ses côtés. Un visage me revient : celui de ce jeune caporal-chef, qui a vu mourir deux camarades quelques semaines avant dans son véhicule blindé, et qui demande à me rencontrer à l'issue d'une adresse que je prononce devant les troupes à Gao, par 45 degrés, au début de l'après-midi. Malgré ses blessures et le traumatisme sonore qu'il avait subi, il a voulu rester à Gao au Mali pour continuer la mission. Sauvé parce qu'il a été éjecté lors de l'explosion, il affichait la sérénité des grands soldats et la modestie des vrais héros. Aucun esprit de vengeance, mais le culte de la mission.

La digitalisation

La technologie digitale est au cœur de l'espace cybernétique et de l'innovation militaire. Elle est considérée par les ennemis et adversaires comme un facteur de supériorité opérationnelle et stratégique (guerre des perceptions et attractivité à l'égard des générations « digital natives »). Le niveau de maîtrise digitale et de ses applications dans le champ cyber devient une des clefs de la puissance d'un État et d'une armée, afin d'agir (y compris dans le champ des perceptions), de prévenir, de protéger et de contrer les actions adverses, en tenant compte de fragilités intrinsèques, comme l'illustre, par exemple, la dépendance aux câbles sous-marins. On l'ignore souvent, mais plus de 95 % des flux de communication y circulent. Jean-Paul Delevoye, alors président du Conseil économique, social et environnemental (CESE), a dit un jour : « La guerre numérique rend la paix impossible. »

Le recours grandissant à l'intelligence artificielle et l'imbrication dans le cyberespace des réseaux civils et militaires posent dès à présent des questions éthiques : quand les systèmes sont de plus en plus autonomes, ils risquent d'être de plus en plus vulnérables de l'extérieur et difficiles à contrôler de l'intérieur. Quelle sera la place de l'homme dans le commandement de ces futurs systèmes ? Comment lutter et protéger les citoyens tout en préservant leurs libertés individuelles ? C'est un éternel débat que les évolutions digitales posent de manière accrue.

Au-delà de ces « 7 *d* », l'ambiguïté s'ajoute, aujourd'hui, à l'incertitude. L'incertitude, c'est reconnaître une place au doute. Mais avec l'ambiguïté à grande échelle, nous basculons dans autre chose. Les lignes de partage sont de plus en plus floues. Les bornes ont sauté qui délimitaient, jadis, les frontières des États mais aussi la rationalité politique et l'irrationalité de l'émotion ; le temps politique et le temps médiatique ; l'état de guerre et l'état de paix ; la guerre régulière et la guerre irrégulière ; ou, encore, la sécurité intérieure et la sécurité extérieure.

La question actuelle des djihadistes de retour d'Irak et de Syrie, ainsi que de leurs familles, illustre cette difficulté. Comment les traiter juridiquement, socialement ? L'ambiguïté engendre la confusion. Elle complique considérablement la tâche du décideur qu'il soit chef militaire ou responsable politique. La population est amie, mais l'ennemi est dans la population. J'ai connu cette situation à chaque opération, d'autant que les terroristes sont parfois bons citoyens pendant la journée et combattants la nuit. Ainsi en Afghanistan, je me souviens de réunions publiques appelées *chouras*, qui rassemblaient les principales autorités locales (en particulier, les maires et les anciens), afin de discuter de l'amélioration de la situation pour la population locale. À la table, j'eus un jour à mes côtés un homme que l'on a pris peu après, une nuit, en flagrant délit d'attaque de troupes de la Coalition, dont des soldats français.

Face à cette complexité, nous avons le devoir de résister à la tentation de la paralysie ou à celle de la reproduction de schémas connus. Nous devons faire l'effort de la clarté ; nous devons, aussi, éviter la désunion. La division conduit à la défaite ; le rassemblement de toutes les forces vives est, à l'inverse, le plus sûr chemin vers la victoire.

Une stratégie militaire globale

Le monde a changé de visage. Sur quels principes se fonder pour penser aujourd'hui une stratégie globale ? Je me réfère souvent aux trois principes chers au maréchal Foch : la liberté d'action, l'économie des forces et la concentration des efforts. Il existe en effet des vérités fondamentales susceptibles de régir la conduite de la guerre, des règles d'action tirées de l'infinie variété des situations rencontrées aujourd'hui et hier. Ces trois principes révèlent leur absolue nécessité, en nous préservant de bien des erreurs fatales, même si, bien sûr, il faut toujours tirer le meilleur parti du terrain, des conditions météorologiques et du rapport des forces tels qu'ils se présentent à l'instant *t*, à tel endroit, face à tel ennemi.

Le premier principe, la liberté d'action, commande de ne pas subir la volonté de l'adversaire ; de rester maître de son action ; d'en choisir le lieu, le moment et l'intensité, afin de contrecarrer les plans de l'ennemi sur nous et de lui imposer, *in fine*, notre volonté et nos desseins. À l'opposé, on trouve la passivité et le fatalisme. Une chose est sûre : seuls les poissons morts suivent scrupuleusement le sens du courant. La liberté d'action, celle du contre-courant, est fille de volonté. Je suis libre d'agir à la condition expresse et première de l'avoir décidé. C'est la force du courage, de l'imagination et du caractère qui rend libre de décider et d'agir. À l'inverse, l'abîme de la défaite guette les moutons de Panurge.

Plus que jamais, cassons la routine pour répondre au raccourcissement du temps et à la contraction de l'espace qui restreignent la zone de manœuvre. Parfois, « les règlements sont des guide-ânes qui favorisent la paresse d'esprit », disait Foch. Dans cet esprit, pour faire face aux terroristes en plein désert, mobiles, furtifs et connaissant le terrain, nous avons adapté notre tactique, en utilisant évidemment plus la troisième dimension, qui nous procure l'allonge et la permanence, avec nos drones, nos hélicoptères et nos avions. Nous avons aussi amélioré la coordination avec les troupes au sol.

En réalité, on voit bien qu'au-delà du principe de la guerre il y a dans la liberté d'action un véritable principe de vie, qui lui donne à la fois son sens et sa saveur…

L'économie des forces va de pair avec la liberté d'action. Elle a été élevée au rang de principe de la guerre par le maréchal Foch, comme d'ailleurs par Sun Tzu et Clausewitz, avant lui.

Ce principe mérite d'autant plus notre attention qu'il a souvent été mal interprété. C'est le mot « économie » qui trompe le lecteur pressé. On pourrait croire que l'économie des forces se résume à la conservation d'une réserve importante. Cela est vrai, mais bien trop réducteur ! La première signification du mot économie n'est pas « mettre de côté », mais « gérer au mieux ». Cette précision est fondamentale pour embrasser toute l'étendue du principe. Se dévoilent alors la portée universelle de la règle et la nécessité de ne jamais la négliger.

En conséquence, aucune fraction des forces ne doit rester sans mission assignée – ce qui inclut évidemment les phases de formation, d'entraînement et de repos. Principe de bon sens, mais principe exigeant : il s'agit d'employer pleinement une ressource qui, par définition, est comptée, en déployant des trésors d'organisation et de coordination. C'est la débrouillardise française bien connue.

La deuxième conséquence est d'ordre qualitatif. Il ne suffit pas d'assigner leurs rôles à l'ensemble des moyens ; encore faut-il que ces rôles soient les bons. Il faut rechercher « le meilleur emploi possible des ressources rares ». Quand les hélicoptères suffisent, on n'utilise pas les avions de chasse. Cette exigence est à l'origine des processus de transformation que nos armées, directions et services respectifs mènent depuis dix ans, nous le verrons plus loin.

Comme pour la liberté d'action, derrière ce principe de la guerre se lit un principe de vie. Pour nous-mêmes : nous gagnons à nous découvrir comptables de nos propres forces ; à en prendre conscience pour éviter de nous disperser. L'économie de nos propres forces nous permet d'« être et durer » – en gérant mieux notre temps et en nous recentrant sur l'essentiel. À la guerre, un rien, un événement extérieur imprévu peut tout gâcher. Rappelons-nous les troupes coalisées austro-prussiennes à Valmy le 20 septembre 1792, qui ont perdu du terrain en partie à cause d'une épidémie de dysenterie qui a décimé les effectifs.

L'observation de cette règle est hautement bénéfique pour ceux qui nous entourent et ceux qui nous sont confiés. Elle exige prudence et sagesse, *a fortiori* parce qu'il s'agit de la vie des autres, et que cette vie n'est pas la propriété des armées. Les deux principes de liberté d'action et d'économie des forces concourent à la concentration des efforts.

Qui a joué avec une simple loupe étant enfant, comme je l'ai fait, connaît les effets formidables de la concentration du rayonnement solaire en un point précis. Dispersé, il est à peine perceptible ; concentré, rien ne résiste à sa « puissance de feu ». Dans un cas comme dans l'autre, l'énergie est identique. C'est bien la concentration qui fait la différence ! De même, l'effort militaire n'est décisif que lorsqu'il est focalisé. À la guerre, il s'agit de disposer du maximum de forces pour se trouver en situation d'avantage face à l'adversaire, au bon endroit et au bon moment. Mais, comme le souligne le maréchal Foch, « devant la théorie qui prescrit la concentration se dresse l'exécution qui impose la dispersion ». La surprise, par exemple, qui a besoin de discrétion, s'accommode mal des forces concentrées, plus facilement décelables.

La complexité de la guerre tient en grande partie dans cette opposition de façade entre principe de concentration et nécessité de dispersion. Une question que ne peuvent résoudre que le discernement et la souplesse. Le discernement, d'abord. Qualité rare, comme le remarquait Bonaparte devant des généraux autrichiens, à Leoben, en 1797 : « Il y a beaucoup de bons généraux en Europe, mais ils voient trop de choses. » Critique explicite de cette incapacité à choisir. Or, multiplier les axes d'effort, c'est tourner le dos à l'idée même d'effort et se condamner à l'impuissance. Au discernement, il faut savoir ajouter une dose de souplesse : au nom du pragmatisme, la concentration des efforts doit s'accorder avec le principe de réalité.

S'il se conçoit assez facilement dans l'hypothèse d'un seul et unique front, le principe de concentration des efforts est plus compliqué à appréhender dès lors que nous sommes confrontés, comme aujourd'hui, à deux menaces majeures – terrorisme islamiste radical et États-puissances –, et que la protection de la France et des Français se joue tant à l'extérieur – au plus près des foyers de crise – que sur le territoire national et ses approches.

Dès lors, le principe de concentration doit s'entendre davantage comme une cohésion solide et dynamique de toutes les forces. Celles-ci doivent être puissantes, évidemment ; mais également agiles et mobiles ; elles doivent être, par-dessus tout, capables de bascules d'effort extrêmement rapides.

Le modèle complet d'armée actuel possède cette faculté de concentration des efforts, évitant toute dilution excessive dans l'espace et dans le temps. Aujourd'hui, il faut quasi simultanément identifier la cible (par exemple, un groupe de terroristes camouflé dans un campement de passage sous les arbres en plein désert), la suivre avec les moyens de renseignement d'image et d'écoute, intervenir avec les hélicoptères pour poser des troupes au sol et, si besoin, sans délai, bénéficier de l'action d'appui au sol des avions de chasse. Si un maillon de la chaîne manque, c'est l'échec assuré et l'arrêt immédiat de l'opération.

L'effet de surprise

À ces trois principes, qui constituent en quelque sorte les fondamentaux de toute stratégie globale dans la période actuelle, il faut ajouter, me semble-t-il, à l'expérience de mes responsabilités récentes, la clef du succès : la surprise, étroitement associée à l'état militaire.

Celui qui choisit d'embrasser cette vie d'errance renonce librement au confort de l'assurance. L'imprévu devient son compagnon de route. La surprise est de toutes ses aventures. Là réside, précisément, une part essentielle de la spécificité du métier.

Qui dit errance dit étonnement permanent. Émerveillement, aussi ; que ce soit devant la magie des espaces lointains ou devant le talent caché du camarade, qui, d'un coup, se révèle. Sel de la vie militaire, la surprise lui donne sa saveur, souvent ; son âpreté, parfois.

Il y a, cependant, une exception où la surprise se transforme en poison : c'est quand elle émane de l'adversaire. Au combat, être surpris par l'ennemi, c'est être presque pris. C'est d'autant plus vrai lorsque l'effet de surprise dure et provoque la sidération.

Celui qui n'écoute que ses certitudes s'engage sur la pente funeste qui conduit à la défaite. Combien de chefs, grands et petits, se sont laissé aveugler par ce qu'ils tenaient pour des évidences. Ils se sont laissé surprendre sur le lieu, le moment ou les modalités ; et parfois les trois en même temps. La ligne Maginot en est l'exemple le plus connu.

Pour ne pas être surpris, il faut agir en sûreté. Autrement dit, prendre toutes les dispositions nécessaires pour réduire le champ des possibles de l'ennemi. C'est la raison pour laquelle le renseignement est si déterminant : il ouvre sur la connaissance et permet l'anticipation.

Mais ne pas être surpris ne suffit pas. Il faut aussi surprendre ! Être là où nous n'aurions pas dû être, au moment où nous ne pouvions pas l'être... C'est pourquoi il faut travailler sans cesse à une meilleure flexibilité et à une plus grande vitesse d'exécution. C'est ce que font les troupes en particulier au Sahel, avec l'opération Barkhane, face aux pick-up terroristes, qui peuvent rouler tous feux éteints en pleine nuit dans le désert à plus de cent kilomètres par heure.

C'est aussi ce qui se pratique dans les écoles de formation. Nous avons quitté la période confortable du pacte de Varsovie et nous préparons nos cadres à ces situations complexes, qui nécessitent de l'adaptation, du discernement et surtout de la ruse. Les schémas tactiques et théoriques ont leurs limites. Nos adversaires les connaissent. Il faut les surprendre, autrement que par des solutions autrefois préconisées dans les corrigés de nos écoles. L'exercice « Coalition », créé ces dernières années à l'École de guerre, est une bonne illustration de ces changements. On y trouve des diplomates, des journalistes, des hommes politiques, des stratèges, simulant les processus décisionnels complets lors de crises internationales et aboutissant à des ordres tactiques donnés par les officiers stagiaires.

Vouloir, agir, pouvoir

Une stratégie globale doit aussi penser les leviers de l'action. Ceux-ci résident toujours dans la conjonction et la combinaison de trois éléments : la volonté, l'engagement et les moyens. En d'autres termes, vouloir, agir, pouvoir.

La première dimension, c'est le « vouloir » de l'engagement militaire. Pour cela, il faut d'abord savoir et comprendre. C'est la vocation, entre autres organismes, de la direction du renseignement militaire (DRM), de nos capteurs de renseignement, de nos satellites, mais aussi des efforts consentis pour améliorer nos capacités dans le domaine cyber et, plus généralement, dans les champs immatériels.

Ensuite, un modèle d'armée complet est nécessaire pour défendre notre pays. Nous devons nous préparer aux conflits de haute intensité, qu'on le veuille ou non, être capables de faire face aux armées des États suffisamment puissants pour nous attaquer, mais aussi répondre aux conflits dits de basse intensité, disposer de moyens plus agiles, plus légers, plus surprenants pour lutter contre les terroristes. Cela vaut en matière de commandement, de logistique, d'équipement, de formation, d'entraînement, bref dans tous les domaines. Il faut pouvoir s'adapter à la menace, au plus près comme au plus loin. Et le tragique du monde pourrait de nouveau changer la configuration des menaces.

Il faut enfin que nos armées puissent « entrer en premier », c'est-à-dire planifier et conduire une opération nationale, en y intégrant, et très vite, des soutiens fournis par d'autres nations. Quand on décide de lancer l'opération Serval, il faut d'abord être capable de commander, de prévoir, mais aussi avoir l'État-major, les systèmes d'information et le harpon mis sur le terrain qui peut s'accroître en mesure de la menace. À quelques heures près, si nos hélicoptères n'avaient pas arrêté la colonne de pick-up de terroristes qui se dirigeait sur Bamako, c'était l'échec assuré. Cette capacité de réponse immédiate et autonome est fondamentale pour prétendre prendre la tête d'une opération de cette ampleur.

La deuxième dimension, c'est l'engagement, la capacité à « agir ». Dans les affrontements, qui sont toujours une confrontation entre deux volontés, il faut prendre l'ascendant sur l'adversaire. Dans les affrontements armés d'aujourd'hui, c'est la surprise, l'incertitude, la « foudroyance », qu'il faut rechercher, car l'adversaire fuira souvent le combat, sauf s'il est acculé.

Cette capacité à agir s'exprime à travers les hommes. C'est pourquoi une attention toute particulière est portée sur la sélection et la formation des hommes et en particulier des chefs militaires qui doivent être capables de commander en opération avec agilité et leadership. L'intelligence ne suffit pas ; il faut du caractère. Dans la fatigue, le danger, le stress des combats, ce sont eux qui doivent être à même de faire face à l'imprévu, et ils doivent le dominer. C'est d'ailleurs pour cela qu'en opération on veille en permanence à ne pas être « dans le rouge », c'est-à-dire à rester en pleine forme physique, psychologique et morale pour faire face à tout coup dur.

Quand une crise survenait, je veillais toujours à prendre le temps de la réflexion et parfois même avec mes collaborateurs proches à boire une bière ensemble avant de prendre une décision trop hâtive. Un matin, au Kosovo, on m'apprend qu'un train a déraillé en zone albanaise. Les wagons sont couchés sur la voie, et parmi les passagers, tous serbes, beaucoup sont blessés. J'ai déployé un périmètre de sécurité pour protéger les blessés et éviter que les Albanais ne s'en prennent à eux, mais j'ai voulu me rendre sur place, obtenir tous les éléments d'enquête pour comprendre ce qui s'était passé – en l'occurrence, un attentat commis par les Albanais – et ensuite seulement décider des mesures à prendre. La première réaction à chaud aurait consisté à envoyer sur place un dispositif lourd, ce qui aurait sûrement exacerbé les tensions. Notre époque vit dans le culte de l'instantané, les décideurs sont constamment sous pression. Mais il y a dans l'impulsivité une forme d'orgueil déguisé que l'on regrette souvent. Bref, je souhaite que soient privilégiés « des hommes qui agissent en hommes de pensée et pensent en hommes d'action ».

La troisième et dernière dimension : ce sont précisément les moyens en tant que tels, c'est-à-dire « pouvoir ». Ces moyens, ces ressources, ils se conçoivent ; ils se préparent ; ils se façonnent. Un modèle d'armée, cela part de la prospective pour aller jusqu'aux hommes ; cela passe par les aptitudes, les capacités, les équipements, le fonctionnement et le budget. Ce modèle d'armée, cohérent et complet, doit nous permettre de décider de manière souveraine, de répondre dans les délais, et de maîtriser l'ensemble des capacités militaires, sur tout le spectre des missions.

La vraie victoire

Prévoir tout en étant imprévisible, telle est l'équation pour mener à la victoire face aux nouveaux visages de la guerre.

Chacun sait, au premier abord, ce que signifie la victoire. C'est l'autre nom du succès remporté dans un combat, une bataille ou une guerre. Qu'elle soit belle, éclatante, décisive ou éclair, elle se donne à celui qui a su prendre l'avantage dans une confrontation. Un point, c'est tout.

Pourtant, à y regarder de plus près, la victoire ne se laisse pas apprivoiser, si facilement, au seul motif d'un combat gagné, même de haute lutte. Loin s'en faut ! Nombreux sont les pièges qui se referment sur ceux qui croient pouvoir crier son nom. Certains succombent à une illusion en prenant une simple réussite pour un triomphe définitif. D'autres déplorent une « victoire sans lendemain », faute de l'avoir entretenue. D'autres, encore, apprennent à leurs dépens – et, malheureusement, à ceux des autres – que la victoire ne se donne jamais à celui qui a choisi de perdre son âme pour l'emporter. Les derniers, comme Pyrrhus à la bataille d'Héraclée, comprennent, trop tard, qu'un succès, obtenu au prix de pertes irremplaçables, ne fera jamais une victoire, même si l'ennemi est défait.

En réalité, la vraie victoire est à chercher ailleurs que dans les marches triomphales. Elle est aussi éloignée des démonstrations ostentatoires que les vrais braves le sont des lâches, qui volent bruyamment au secours de la victoire une fois que tout est joué.

La véritable victoire est humble et discrète ; elle ne se paie pas de mots. Elle n'écrase rien, ni personne, sous son propre poids. Elle se reconnaît plus à ses fruits qu'à ses trophées. Saint-Exupéry disait d'elle qu'elle organise et bâtit. Autre signe distinctif et sans doute le plus éclatant, c'est l'avènement d'une paix durable ; « une situation de meilleure paix », pour reprendre les termes de sir Liddell Hart. Là réside la vraie finalité de notre engagement.

Les Romains n'avaient qu'un seul et même mot, *virtus*, pour désigner la force et la vertu. Peut-être est-ce parce que les deux concourent, à parts égales, à la victoire. La force la rend possible ; la vertu la rend juste et durable. Alors oui, l'espérance brille dans la victoire qui respecte l'ennemi vaincu et reste fidèle à ses valeurs. Cette espérance retrouvée est le véritable laurier de la victoire, son unique récompense. Décidément, une chose est sûre : nous vivons la fin du confort stratégique.

Chapitre 3

Opérationnels, ensemble

Nous avons changé d'époque. La nôtre marque la fin, au moins temporaire, de l'ordre dit « westphalien », c'est-à-dire de la sécurité des sociétés à l'intérieur des frontières étatiques. L'armée française avait pour première fonction de défendre nos frontières et c'est par référence à cette mission qu'elle se déployait. Désormais, l'ennemi peut aussi bien se trouver à l'intérieur de l'Hexagone que très loin au-delà des mers. La défense s'est déterritorialisée, sans pour autant abandonner son objectif premier : la protection des Français et du territoire national.

De ce fait, le nombre des missions qui incombent à nos armées tant en France que sur l'ensemble de la planète n'a jamais été aussi élevé depuis la fin de la guerre d'Algérie. Il importe ici de passer en revue les actions menées par nos armées, car les Français eux-mêmes n'en ont pas toujours conscience. Nous combinons une présence planétaire, héritée de notre histoire, et de multiples interventions liées aux désordres du monde contemporain. Or cet alourdissement des tâches s'est fait progressivement, au cours des dernières années, et, qui plus est, en période de constants efforts budgétaires. De ce fait, l'armée française se trouve aujourd'hui en véritable surchauffe, devant mener à bien tant de missions avec des moyens limités. Pour prendre la mesure de cette tension permanente, il faut tout d'abord découvrir nos forces armées sur le terrain, dans leur rude quotidien.

Dans le contexte sécuritaire actuel, incertain et dangereux, la France bénéficie d'un atout maître pour son rayonnement international : la loyauté, l'efficacité et la fiabilité de ses armées. Les trois derniers présidents de la République, MM. Nicolas Sarkozy, François Hollande et Emmanuel Macron, avec lesquels j'ai pu travailler directement, en ont pris la pleine mesure et ont toujours compté sur elles. C'est précisément pour que cela continue que je me suis battu pour régénérer et renouveler notre modèle actuel.

La France se doit de mener ces combats pour la sécurité et pour la paix, au plus près comme au plus loin. Notre espace sécuritaire dépasse notre seul espace géographique. Cela nous confère une responsabilité particulière : celle de se maintenir dans le cercle des puissances crédibles, capables de se protéger, d'interagir, de peser, de rayonner par leurs initiatives et au-delà de leurs frontières.

C'est pourquoi nos armées sont respectées par nos alliés et craintes par nos adversaires. En termes d'engagement, nous sommes les premiers en Europe et les deuxièmes à l'OTAN. Suivre nos armées dans leur déploiement actuel, c'est partir pour un très lointain voyage.

Au total, de l'ordre de trente mille militaires sont en posture opérationnelle aujourd'hui, vingt-quatre heures sur vingt-quatre. Ce chiffre inclut nos personnels en opérations extérieures, nos forces pré-positionnées, notamment en Afrique, et nos dispositifs de protection du territoire en métropole et outre-mer. Ce ratio, le nombre de militaires en opérations rapporté à l'effectif total des armées, est tout à fait exceptionnel par rapport aux autres pays.

Le premier dispositif d'assurance est évidemment la dissuasion nucléaire, qui a contribué, ne l'oublions jamais, à canaliser les rapports de force depuis une cinquantaine d'années et à garantir une paix durable en Europe. Elle repose sur deux composantes océanique et aéroportée et s'appuie sur un système de transmissions opérationnel et une capacité technologique exceptionnelle. Sur ce plan, la coopération entre les ingénieurs du commissariat à l'Énergie atomique (CEA), ceux de la Direction générale de l'armement (DGA) et les militaires en charge de l'exécution de la mission sur le terrain s'est révélée d'une grande efficacité. Singularité française : un commandement spécifique relie les marins et aviateurs en situation opérationnelle au président de la République[1]. Instauré par le général de Gaulle au moment de la mise en place de la dissuasion nucléaire, ce système impose un lien direct entre le chef de l'État, en charge du feu nucléaire, et le chef d'État-major des armées, responsable de sa mise en œuvre.

S'agissant ensuite du territoire national, nous nous appuyons sur une stratégie globale de protection contre des menaces, dont la réalité se fait sentir chaque jour davantage. À l'évidence, les forces militaires viennent en complément des forces de sécurité intérieure (police et gendarmerie nationale), qui assument cette responsabilité première. Depuis les attentats de janvier 2015 particulièrement, elles travaillent très étroitement ensemble et ont appris à mieux se connaître pour mieux se comprendre.

Les postures permanentes

Sur notre sol, les militaires protègent les Français par deux postures permanentes, aussi efficaces que discrètes.

---

1. Je vous renvoie sur ce plan à l'excellent livre de Jean Guisnel et Bruno Tertrais, *Le Président et la bombe* (Odile Jacob, 2016), ouvrage de référence en la matière.

Il appartient d'abord à l'armée de l'air de garantir notre espace aérien en exerçant une surveillance renforcée face aux nouvelles menaces ; ce dont le public n'est pas toujours conscient. Autour de Paris, par exemple, les hélicoptères en état d'alerte assurent la surveillance face à toute intrusion aérienne. Par ailleurs, les avions de chasse, en « alerte 7 minutes », c'est-à-dire qui sont prêts à décoller en sept minutes, ont été mis à contribution à plusieurs reprises ces derniers mois, pour éviter toute infiltration ou action à l'intérieur de notre espace aérien national.

Le système, interopérable avec l'OTAN, garantit une parfaite coordination avec les pays voisins. Par exemple, si un avion suspect arrive par le nord vers la France, il nous est passé en compte par nos amis britanniques, et s'il poursuit sa route vers le sud, nous faisons de même avec nos amis espagnols. Lors d'événements majeurs comme un sommet réunissant des chefs d'État, cette posture permanente permet de mettre en place une bulle de protection antiaérienne, que l'on appelle techniquement un détachement de protection et de sûreté aérienne (DPSA). J'ai rencontré le 1er décembre 2015 des sous-officiers aviateurs, qui avaient été absents de leur domicile deux cent trente jours au cours de cette année et qui, dans la rusticité et l'anonymat d'un bungalow mobile, le regard rivé à leurs écrans d'ordinateur, assuraient la protection aérienne de la COP 21 sur le tarmac de l'aéroport du Bourget. Ils ont évité toute intrusion d'aéronef susceptible de perturber le sommet. Mission discrète, mais essentielle pour la réussite de cet événement international majeur.

La posture permanente de veille se retrouve dans la sauvegarde maritime : elle concourt directement à la protection de notre littoral et sollicite, fréquemment, les moyens militaires. Il s'agit, par exemple, de notre réseau de sémaphores extrêmement utile pour lutter contre les trafics ou l'immigration illégale. Je me souviens de ma visite du sémaphore du Havre le 30 juillet 2015 : j'ai pu mesurer alors toute l'importance de notre coopération avec la gendarmerie maritime, notamment pour la sécurité portuaire. Rappelons le dévouement de ces marins, vigies avancées pour la protection des Français, dans l'efficacité et la discrétion les plus totales.

Il ne faut pas oublier bien sûr la protection de nos espaces sous-marins, dont l'activité opérationnelle est croissante. Le trafic de sous-marins, par exemple dans l'Atlantique Nord, est revenu au même niveau de densité qu'à l'époque du pacte de Varsovie. Désormais, les sous-mariniers sont d'ailleurs les seuls militaires à partir plusieurs semaines sans liaison avec leurs familles, dans des conditions de vie particulièrement rustiques, compte tenu de l'exiguïté des lieux. Par discrétion, on parle très peu d'eux. Pourtant, ils sont essentiels pour la sécurité de notre pays.

Aux dimensions traditionnelles, aérienne et maritime, s'ajoute désormais l'espace, domaine en pleine expansion. Notre autonomie stratégique dépend pour une bonne part des informations fournies et transmises par nos satellites. La dimension spatiale est indispensable pour donner toute leur efficacité à nos forces armées. L'armée doit s'adapter à une guerre devenue multiforme et omniprésente. C'est ainsi qu'elle a dû investir le cyberespace essentiel pour la protection des Français, tant dans la maîtrise des communications que dans la défense contre les intrusions. La cyberdéfense est désormais une composante de la défense nationale, dotée d'un commandement dédié aux ordres directs du chef d'État-major des armées.

Ajoutons à cela la protection terrestre de nos emprises militaires, qui sont devenues une cible prioritaire des terroristes. Là encore il a fallu renforcer les surveillances au cours des derniers mois.

L'opération Sentinelle

L'opération Sentinelle est devenue l'emblème de la participation active et pérenne de nos armées à la protection de la France et des Français. Face à une menace évolutive, notre réponse, sur le territoire national, s'est adaptée avec un rééquilibrage du dispositif déployé à moitié entre Paris et la province, des militaires constamment en mouvement et une participation accrue de nos réservistes.

L'été dernier, le président de la République a demandé d'accroître, encore davantage, l'efficacité de l'opération. Il faut probablement sortir d'une logique d'effectifs déployés pour privilégier une logique d'effets ; il y a eu de réels progrès dans ce domaine, mais nous devons aller plus loin. Cette évolution passe par une décentralisation accrue du dialogue, notamment entre les préfets et les officiers généraux commandant les zones de défense et de sécurité.

La présence de soldats déployés sur le sol français pour dissuader, protéger, rassurer me semble incontestable. On l'a vu à de nombreuses reprises depuis le début de Sentinelle. À Orly, par exemple, un trinôme patrouillait composé de trois soldats de l'armée de l'air, issus de garnisons différentes : un réserviste étudiant en BTS, une contrôleuse aérienne et un mécanicien avionique. Quelques semaines auparavant, ils avaient suivi un entraînement, puis avaient été envoyés sur le terrain. Dans l'aéroport d'Orly, ils se trouvent face à un terroriste qui attaque la jeune militaire, laquelle se désengage pour que les deux autres puissent tirer et abattre l'assaillant. Fait remarquable : pas une balle n'a blessé les voyageurs alentour. Je me suis rendu sur place quelques minutes plus tard, et j'ai été impressionné par le sang-froid et la compétence dont ils avaient fait preuve dans un lieu public, parmi la foule. Comme chacun le sait, les victimes évitées ne sont pas comptabilisées.

La priorité d'une armée est de protéger la population du pays, là où elle se trouve. Les Français paient beaucoup d'impôts. En échange, ils veulent vivre en paix et en sécurité. C'est la première raison d'être d'un État que d'organiser la vie de la cité en ce sens.

Il faut aussi simultanément améliorer la circulation du renseignement, à tous les niveaux et dans les deux sens : montant et descendant. Sur ce plan, la création décidée par le président de la République il y a quelques mois du Centre national du contre-terrorisme a donné une impulsion nouvelle favorable. Reste à mieux exploiter et valoriser les capacités propres des armées. Je pense aux savoir-faire et aux équipements spécifiques, par exemple, dans le domaine de la protection contre la menace bactériologique et chimique, celui de la neutralisation des engins explosifs, ou celui des drones. Je pense, également, à notre capacité à manœuvrer et à basculer nos efforts, avec une utilisation de la surprise, celle que l'on impose et non pas celle que l'on subit.

À terme, la physionomie de l'opération Sentinelle s'en trouvera ajustée pour une meilleure efficacité sur le terrain, tout en faisant peser une moindre pression sur nos forces. Les mesures annoncées en septembre dernier par Mme Parly, ministre des Armées, vont dans le bon sens, en insistant sur la modularité, avec un dispositif socle, un renfort adaptable aux événements et une réserve stratégique d'environ trois mille hommes.

L'opération Barkhane

L'opération Barkhane, quant à elle, est emblématique des interventions majeures qui sont conduites au plus loin. Dans la bande sahélo-saharienne (BSS), la France est reconnue comme pilote en termes de défense par la communauté internationale, dans le prolongement de notre opération Serval.

Sa stratégie est d'abord fondée sur une coopération renforcée avec les armées de la région, celles du G5 Sahel. Lors du sommet du G5, organisé à Bamako le 2 juillet 2017, le président de la République française et les cinq présidents du G5 ont décidé d'accélérer la mise en place d'une force conjointe chargée en particulier de contrôler progressivement les zones frontalières.

L'opération vise à la neutralisation progressive et permanente des groupes armés terroristes, qui sèment la panique dans les populations sans défense. Il y a un an, différents groupes terroristes se sont fédérés principalement en un seul mouvement : le Rassemblement pour la victoire de l'islam et des musulmans (RVIM), aux ordres de Iyad Ag Ghali. C'est la mission principale des forces françaises de l'opération Barkhane de réduire cette coalition des terrorismes.

Pour cela, nous nous appuyons sur différents partenaires : la mission de l'Union européenne qui forme les bataillons maliens ; la mission des Nations unies au Mali (MINUSMA) qui est installée sur l'ensemble du pays avec plus de dix mille soldats ; les alliés occidentaux, en particulier les Américains, les Allemands qui investissent de plus en plus au Mali et au Niger, les Espagnols, notamment dans le transport aérien tactique. La France n'est plus seule dans la bande sahélo-saharienne.

L'opération Barkhane se déploie, on l'a vu, dans une zone géographique extrêmement étendue : environ quatre mille soldats français sur quatre mille kilomètres de front et mille kilomètres de profondeur, soit un territoire plus large que celui de l'Europe… En face, les groupes armés terroristes sont agressifs, mobiles, bien équipés et jusqu'au-boutistes. Les combats se terminent bien souvent à très courte distance, à quelques dizaines de mètres. Ces groupes se déplacent en permanence, et, compte tenu du nombre d'attaques descendant vers le sud, l'opération Barkhane a réorienté à la fin de l'année 2016 son dispositif vers le centre du Mali et multiplie les opérations conjointes transfrontalières. Je me suis rendu à de nombreuses reprises sur le terrain. Le 24 décembre 2015, je suis allé, en compagnie de mes homologues nigérien et malien, en visite à Madama, dans le nord du Niger, près de la passe de Salvador. C'est là que commençait à s'établir une nouvelle base, sur les ruines d'un fort italien de la fin du XIXe siècle. Un hélicoptère nous a menés à cent cinquante kilomètres de là, en plein désert, pour rendre visite à une section de combat, composée d'une trentaine d'hommes. Ils venaient d'arrêter un Libyen, un Nigérien et un Tchadien dans un pick-up transportant mille kilos de cannabis et s'apprêtaient à préparer un modeste réveillon. Devant leur bivouac disposé en épi, dans la chaleur sèche et le vent de sable, mon regard se portait à 360 degrés vers un océan sans fin, dans le « silence éternel des espaces infinis ». C'est cela, Barkhane, des conditions difficiles et rustiques, une coopération internationale, un ennemi qui peut surgir de partout et de nulle part.

Mais la sécurité des pays du G5 Sahel se joue aussi en Libye. Ce pays pourrait constituer, à certains égards, un espace libre pour les trafiquants, terroristes et autres malfrats de tous types. Le trafic de combattants et d'armes vers le Nord-Mali ou vers la zone des trois frontières (Tchad, Cameroun, Niger) est avéré, en passant notamment par le Niger. C'est une des raisons qui ont légitimé la mise en place de notre base opérationnelle à Madama.

Enfin, dans le nord du Nigeria, se trouve le groupe terroriste Boko Haram, scindé désormais en deux mouvements plus ou moins concurrents, dont l'un, le plus nombreux, a fait allégeance à Daech, aux ordres de Al Barnawi. Les incursions dans la zone des trois frontières ne sont pas rares et causent de nombreuses victimes dans les populations locales. Tout cela entretient la déstabilisation de la région.

Pour lutter efficacement contre le terrorisme, il faut opérer en boucles rapides : la boucle courte « renseignement sur les cibles, capacité de les suivre vingt-quatre heures sur vingt-quatre et capacité de frappes aériennes et d'actions au sol ». C'est dans ces conditions que les résultats peuvent être efficaces et de nature à décourager les terroristes. Plusieurs centaines d'entre eux ont été neutralisés depuis le début de l'opération Barkhane. Pour ce faire, il nous faut notamment, à l'instant *t*, des drones, des hélicoptères, des avions, des munitions, une capacité de commandement au plus près des forces au sol déployées et qui doivent être protégées au mieux.

Dans ces régions, les militaires travaillent, également, sur le volet développement. Car une stratégie construite autour des seuls effets militaires passe à côté des racines de la violence qui se nourrissent de la misère, du manque d'espoir, d'éducation, de justice, de développement… Fortes de cette conviction, les armées ont initié, en juin 2016, une dynamique de rapprochement avec l'Agence française de développement (AFD). À l'occasion de son premier déplacement dans la bande sahélo-saharienne, le président de la République, Emmanuel Macron, a apporté son plein soutien à cette initiative, dans son discours du 19 mai dernier, en insistant sur la nécessité d'« articuler plus fermement les bienfaits de la présence [militaire française] avec des initiatives de développement ».

Au Levant

Les forces françaises sont également engagées au Levant, où elles font équipe avec la coalition pilotée par les Américains, en Irak et en Syrie. Cet appui se concrétise d'abord par une participation aux activités de formation, à Erbil et à Bagdad. Les Français ont été, dès l'été 2014, parmi les premiers à réagir pour aider les Kurdes d'Erbil à endiguer l'avance de Daech vers Bagdad. Ils sont aussi présents par leurs capacités de frappe. Une douzaine d'avions de chasse décollent de Jordanie ou des Émirats arabes unis pour appuyer la progression au sol des forces de sécurité irakiennes et des forces démocratiques syriennes, composées de milices kurdes et arabes. Un module français d'artillerie appuie aussi les Irakiens dans leur reconquête progressive du terrain. Les Français sont présents dans les grands états-majors, notamment à Tampa, aux États-Unis, et au Koweit.

Daech recule globalement et a perdu des positions clefs, notamment la ville de Mossoul. La réduction des dernières résistances isolées dans ce pays nécessitera plusieurs mois, car il existe encore des zones sous contrôle de Daech. La question principale en Irak sera à nouveau de faire coexister pacifiquement les trois communautés kurde, chiite et sunnite, en espérant que les vengeances ethniques ne viendront pas polluer la volonté de paix de la population, épuisée par les guerres à répétition. En tenant compte des enseignements du passé, il faudra assurer un développement rapide de la région pour assécher le terreau de la violence et gagner la confiance des populations.

En Syrie, la situation est plus complexe. Daech a perdu des positions clefs, dont la ville de Raqqa, « capitale politique » du terrorisme islamiste sunnite et lieu historique de la préparation de nombreux attentats, notamment celui du Bataclan en France. Il restera à stabiliser la zone de Deir ez Zor-Abou Kamal face à Daech et à éradiquer les poches encore contrôlées par des mouvements islamistes radicaux, plus proches d'al Qaida. La France doit aussi veiller à la non-utilisation d'armes chimiques par le régime, tout en aidant l'installation de camps de réfugiés au fur et à mesure de l'avancée sur le terrain. Aujourd'hui, l'aide humanitaire pénètre très difficilement en Syrie. Cette exigence doit être couplée avec la lutte contre les groupes terroristes. Où iront-ils après l'effondrement du califat ? Au Yémen, en Égypte, dans d'autres pays du Moyen-Orient, en Afrique sahélo-saharienne, en Libye, ou retourneront-ils dans leurs pays d'origine, pour les combattants étrangers ?

La communauté internationale aura à trouver une gouvernance acceptable par toutes les parties, avec en toile de fond la guerre sans pitié que se livrent sunnites et chiites, d'un côté, l'axe Arabie saoudite-Turquie-Qatar, de l'autre, l'Iran ; la volonté russe de soutenir les forces syriennes ; l'axe stratégique turc visant à éradiquer les Kurdes du mouvement PKK et leurs alliés, etc.

La phase de stabilisation et de reconstruction en Irak et en Syrie sera longue et difficile, mais elle seule crédibilisera la paix pour les populations et, comme toujours, la confiance que celles-ci accorderont à l'action internationale sera l'élément clef de la réussite du processus global. Sécurité et développement sont intimement liés. Cette volonté doit s'accompagner d'une action diplomatique internationale, susceptible de mettre l'ensemble des acteurs autour de la table. Un seul d'entre eux suffit à faire « capoter » toute négociation. Le réalisme et le pragmatisme doivent l'emporter. Simplifier la complexité de la situation actuelle en Syrie est un défi qui doit être relevé.

La situation au Levant me conduit à l'opération Daman au Liban. Avec environ sept cents soldats, la France est un des principaux pays contributeurs de la Force des Nations unies (FINUL), en participant à la force de réserve. Celle-ci est le principal moyen de dissuasion, de réaction et de coercition de la FINUL, qui œuvre au service de la paix dans le sud du Liban, en soutien des forces armées libanaises, le principal élément stable et multiconfessionnel du pays. La situation au Liban est évidemment en lien étroit avec celle en Syrie et en Irak, d'une part, et avec le conflit israélo-palestinien, d'autre part. Ce pays, en plus des camps palestiniens, se trouve au confluent des composantes libanaises et syriennes du Hezbollah et de plusieurs groupes armés djihadistes chiites actifs en Syrie, en renfort des milices iraniennes et des forces armées syriennes du régime. Sous des apparences de stabilité, la zone contrôlée par la FINUL est fragile. La dégradation de la situation sécuritaire du Proche-Orient rend d'autant plus importante la stabilité du Liban, à laquelle nos forces contribuent directement, dans la discrétion et avec efficacité, y compris par de nombreuses actions de formation, que nous dispensons sur place. Nos liens historiques avec le Liban sont suffisamment forts pour ne pas imaginer un quelconque désengagement à ce stade.

En Afrique

Dans le cadre des opérations extérieures, impossible de passer sous silence la République centrafricaine. C'est une de mes plus grandes fiertés d'ancien chef d'État-major des armées. Notre action a permis incontestablement d'éviter un génocide ethnique et nos soldats y ont fait preuve d'une maîtrise exceptionnelle du feu. Ils y ont connu les horreurs de la guerre et de la violence la plus extrême. C'est sur ce théâtre que le nombre de blessés post-traumatiques a été le plus élevé dans les conflits récents. Je me revois à Bambari, village situé au centre du pays, trois jours après que notre détachement a été attaqué par un groupe de rebelles fanatisés, la machette à la main. Je me souviens de l'entretien que j'ai eu avec trois de nos soldats âgés d'à peine vingt ans qui avaient bien cru mourir dans cette attaque et qui ont réussi à s'extraire en remontant à temps dans leur véhicule. Ce pays parmi les plus pauvres du monde n'est pas encore sorti de l'ornière. La force onusienne

(MINUSCA), composée de plus de dix mille soldats, a pris le relais. Souhaitons que la paix encore précaire se renforce chaque jour davantage. En tout état de cause, il faudra du temps.

Voilà un exemple de ce que les armées françaises sont capables de faire, y compris dans leur capacité de désengagement, ce qui constitue toujours une difficulté majeure. De l'ordre de trois cents soldats français servent encore en RCA, notamment au sein de la MINUSCA, et je tenais à mentionner leur engagement dans ce pays au climat et à la géographie difficiles, mais où la population est si accueillante et généreuse.

D'une manière générale, j'ai d'ailleurs remarqué dans ma carrière militaire que les populations les plus pauvres sont souvent les plus généreuses. Me revient l'image au Kosovo de ce village qui avait été rasé et incendié au cours de la nuit. Nous arrivons au petit matin, dans un paysage de désolation, les ruines et les gravats fument encore. Quelques maisons aux toits calcinés restent debout et, à l'abri dans l'une d'elles, nous découvrons, surpris, une famille, quelques anciens qui étaient encore là. Et qui nous ont spontanément offert un café, quand il ne leur restait rien.

En Europe et sur les mers

La France participe aux mesures dites « de réassurance » conduites sur le territoire et aux approches des pays d'Europe centrale et orientale membres de l'OTAN, par exemple les missions de police de l'air dans les pays Baltes avec ses avions de chasse, les missions de surveillance maritime en mer Baltique, le détachement terrestre blindé mécanisé en Estonie, puis en 2018 en Lituanie. Ces missions sont utiles pour garantir la sécurité de ces pays dans la zone, mais elles sont aussi une preuve de l'engagement de notre pays au profit de ses alliés. Elles illustrent enfin la crédibilité de nos forces terrestres, maritimes et aériennes. Peu de pays au monde sont capables d'agir dans la totalité du spectre des missions que nous assumons dans ce cadre otanien, avec un tel niveau d'interopérabilité.

À ces menaces nouvelles s'ajoute celle venue du fond des âges et qui connaît aujourd'hui une inquiétante résurgence : la piraterie. La France est ainsi engagée dans cette lutte au travers de l'opération Atalante, au large de la Somalie. Elle escorte les navires du programme alimentaire mondial, participe à la sécurité du trafic maritime et contribue à la dissuasion, à la prévention et à la répression des actes de piraterie au large des côtes somaliennes. Cette opération a été un grand succès européen, auquel la marine nationale a pris une part importante ces dernières années. Elle est toujours présente dans cette zone en s'appuyant, notamment, sur le dispositif militaire à Djibouti.

La deuxième est l'opération Corymbe. Son bilan rend la France crédible et reconnue par les nations d'Afrique occidentale et du golfe de Guinée. Depuis vingt-cinq ans, Corymbe est un prépositionnement français de forces à la mer qui encourage des coopérations opérationnelles maritimes entre les pays riverains de la zone et les aide à prendre en compte la sécurité maritime de leurs approches, en luttant en particulier contre l'extension de la piraterie.

La troisième opération, Sophia, se mène au large de la Libye sous commandement européen, et mobilise en quasi-permanence une frégate française, au large des côtes libyennes, sans pour autant s'attaquer au mal endémique des passeurs, qui organisent les migrations, avec les résultats désastreux en termes humanitaires que l'on connaît.

Les forces de présence et de souveraineté

Toutes ces opérations extérieures ne sont possibles que grâce notamment à l'organisation des forces pré-positionnées. Ces dernières se répartissent en deux catégories : de l'ordre de huit mille personnels dans les DOM-COM et moins de quatre mille basés essentiellement en Afrique et aux Émirats arabes unis. Ces dernières années, nous avons réorganisé totalement ces dispositifs afin de faire des économies, en particulier en effectifs (trois mille postes ont été supprimés depuis 2010).

Nos forces de présence s'articulent autour de :

– Deux pôles de coopération au Sénégal et au Gabon, qui contribuent au soutien des opérations nationales (par exemple, l'opération Barkhane) au travers des actions de formation opérationnelles prodiguées aux armées locales, qui participent ensuite aux forces de maintien de la paix onusiennes.

– Trois bases opérationnelles avancées à Djibouti, en Côte d'Ivoire et aux Émirats arabes unis. Elles constituent une réserve stratégique régionale au profit des opérations en cours ou un point d'appui pour faciliter une intervention française dans la zone. Concrètement, les opérations actuelles ne pourraient commencer rapidement sans ce prépositionnement. Elles ne pourraient s'inscrire dans la durée sans cela non plus, compte tenu notamment des contraintes logistiques en Afrique et au Levant, sans oublier l'environnement spécifique à chacun de ces théâtres.

Là encore, les forces de souveraineté, basées dans les DOM-COM, ont vu leurs effectifs réduits de près de 25 % depuis 2010, ce qui a pesé lourd sur les capacités sur place. En outre, les forces françaises supportent de fortes réductions temporaires de capacité aux plans maritime et aérien. Cette expression pudique veut tout simplement dire qu'il y a une période – qui s'étale généralement sur plusieurs années – pendant laquelle les équipements anciens ont disparu et où leurs successeurs ne sont pas encore arrivés, par manque de crédits.

La Guyane fait l'objet d'une attention particulière avec l'opération Harpie de lutte contre l'orpaillage clandestin à l'origine de véritables désastres écologiques. C'est un excellent laboratoire de coopération entre les forces de sécurité (notamment la gendarmerie) et de défense. Il s'agit aussi de protéger le centre spatial de Kourou, point stratégique essentiel.

Grâce à la Nouvelle-Calédonie et la Polynésie, la France est un acteur légitime et reconnu dans le Pacifique, dans lequel les forces armées participent à la préservation de nos intérêts. Les relations plus étroites avec l'Australie, à l'issue du partenariat stratégique signé en 2016, renforcent la pertinence de notre présence sur zone par le déploiement de bâtiments. Quant aux tensions en mer de Chine, elles incitent à ne pas déserter complètement cette région, sauf à être dépendants des alliés, notamment en termes de renseignement, alors qu'une partie du sort du monde se joue là-bas.

La présence militaire dans les Antilles et à la Réunion est également indispensable, ne serait-ce que pour les résultats obtenus en termes de lutte contre les trafics de drogue (plus de 5 tonnes interceptées par les forces armées aux Antilles en 2016) ou contre l'immigration clandestine à Mayotte (plus de mille trois cents migrants interceptés par les forces armées de la zone sud de l'océan Indien en 2016). À titre d'illustration, les îles de Saint-Martin et Saint-Barthélemy victimes du cyclone Irma et les Antilles avec l'ouragan Maria ont pu bénéficier rapidement de l'intervention de ces forces prépositionnées, à proximité et habituées au climat et à la géographie.

Pour la protection de la France et des Français

Ce survol planétaire, assez impressionnant bien que non exhaustif, mais objectif, permet de saisir la spécificité française, en comparaison des autres pays européens. L'armée française assume donc une présence internationale de grande ampleur, une présence héritée de l'histoire qui participe de son identité même. Car au total, il est aisé de comprendre que tous ces déploiements participent, chacun à leur façon (opérations extérieures, missions intérieures, forces prépositionnées), à la protection des Français et au rôle de la France dans le monde. Lors de chaque défilé du 14-Juillet, en descendant les Champs-Élysées, cette fierté française est patente et croissante. Les acclamations, les applaudissements, les sourires, les encouragements sont autant de signes tangibles que j'ai mesurés, aux côtés du président de la République, dans le véhicule de commandement. Cette symbiose avec le peuple de France fait chaud au cœur. Elle oblige aussi.

Tous les sondages le disent[1]. Nos armées sont de plus en plus populaires, pour deux raisons. Elles protègent nos concitoyens qui ont confiance en elles. Elles incarnent une stabilité de valeurs et une institution qui force le respect. Une partie de cette appréciation positive des Français sur leurs armées revient

1. Selon un sondage de la DICoD, datant de 2016, le terrorisme arrive comme première préoccupation des Français, au même niveau que le chômage (à 31 %) ; 82 % des Français déclarent avoir confiance dans leur armée et, à 82 % encore, ils se déclarent favorables au maintien ou à l'augmentation du budget de la Défense (contre 32 % en novembre 2011).

d'ailleurs à la qualité pédagogique des journalistes de défense, avec lesquels j'ai entretenu des relations suivies et agréables. On est loin des années 1980, au cours desquelles une certaine méfiance existait entre le monde de la presse et celui de la défense, entre les journalistes et les militaires. Il est vrai que le fait de se trouver côte à côte sur des théâtres d'opérations a simplifié grandement les relations et gommé fortement les *a priori* mutuels. Opérationnels, ensemble.

L'effondrement du mur de Berlin, la disparition de l'URSS et plus généralement de la menace communiste, la fin de la guerre froide, avaient fait naître l'illusion heureuse d'un monde apaisé. La guerre n'avait en quelque sorte plus de raison d'être. Les gouvernements ne furent que trop heureux de « toucher les dividendes de la paix » en réduisant massivement les crédits militaires. Nous vivons la fin de ces illusions. Le monde a changé, les menaces ne sont plus les mêmes, mais il est au moins tout aussi dangereux. Ainsi, quand d'une part les menaces augmentent et que d'autre part légitimement nos ambitions ne sauraient diminuer, le bon sens ne doit pas conclure comme depuis 1994, à chaque Livre blanc, que l'on doit diminuer la voilure. Sauf à accepter de nouvelles réformes.

Chapitre 4

Une transformation silencieuse

L'armée est sans conteste l'institution qui s'est le plus réformée dans la fonction publique ces vingt dernières années. Cette affirmation peut surprendre, car, dans notre société, la réforme s'accompagne traditionnellement de débats, de querelles, de crises qui lui assurent la plus large visibilité pour l'opinion. Mais l'armée a su se transformer et se moderniser en silence avec une totale loyauté vis-à-vis de la république.

Elle a encaissé la fin de la conscription et le choc de la professionnalisation, décidée par le président Jacques Chirac en 1996 ; elle a vu, dans la même période, augmenter son taux d'emploi et multiplier le nombre d'opérations. Le « système défense » a été profondément fragilisé par ce processus de transformation qui a concerné la totalité de nos forces, du commandement à la troupe, des armées à toutes les directions et services. Entre 2008 et 2014, le nombre de militaires est passé de 241 000 à 203 000.

L'organisation territoriale des armées a été repensée de fond en comble, pour répondre à l'objectif de réduction des dépenses publiques. Depuis 2008, cinquante unités de l'armée de terre, dix-sept bases aériennes, deux bases aéronavales et vingt bâtiments de la marine ont été supprimés. Des restructurations majeures menées dans un temps extrêmement court.

Le choc des restructurations

On a déjà donné. On a déjà *tout* donné. Le ministère de la Défense a été le plus important contributeur de la révision générale des politiques publiques (RGPP), instaurée en 2007 pour réduire la dépense publique et renforcer l'efficacité de l'action publique. En poste à Matignon entre 2008 et 2010, j'ai pu le vérifier, chiffres à l'appui. Notre modèle s'est alors contracté autour d'un cœur de métier minimaliste : c'est sa cohérence d'ensemble qui s'est trouvée fragilisée alors que les armées étaient en même temps de plus en plus sollicitées. Lorsque les engagements opérationnels sont en hausse et le budget en baisse, j'appelle cela un grand écart.

Entre 2010 et 2014, en tant que major général des armées, j'ai été en charge de la réforme des armées. Je veux bien que l'on continue à m'expliquer que les armées doivent se réformer, mais je connais par cœur le chemin parcouru au moins depuis huit ans. Il est immense, et il n'est pas terminé.

En 2008, c'est dans une profonde transformation, probablement la plus importante depuis un demi-siècle, que se sont engagées les armées. Cette transformation s'est articulée autour de deux volets interdépendants.

D'abord, il a fallu poursuivre l'adaptation de nos forces à l'évolution du contexte géopolitique et des menaces. Nous avons modernisé les capacités, réorienté nos efforts sur l'arc de crise terroriste, renforcé le renseignement. Nous avons adapté nos technologies, de la montée en puissance de la cyberdéfense à l'arrivée du big data, de l'apport des drones de surveillance aux munitions « intelligentes » (missiles de croisière, les armements guidés laser). Les exemples sont multiples, tant nous avons connu de changements technologiques ces dix dernières années.

Simultanément, nous avons restructuré et rationalisé les armées, le but étant de dégager les ressources nécessaires à la réalisation des objectifs posés dans le Livre blanc de 2008. Une partie des économies a été réinvestie dans l'amélioration de la condition du personnel et le renouvellement des équipements.

Au total, depuis 2008, 37 domaines de réformes liées à la « RGPP », 80 chantiers et 240 groupes de travail ont été mis en œuvre. Je disais souvent à l'époque : « Un homme sans souci est proche du désespoir. Je suis rempli d'espérance ! » Ces travaux ont porté sur tous les domaines du ministère.

Entre 2008 et 2012, nous avons dissous 54 organismes majeurs et transféré 18 d'entre eux. Nous avons créé les 60 bases de défense pour le soutien interarmées. Nous avons supprimé trente-deux mille postes en quatre ans. Qui a fait mieux dans la fonction publique ? Personne.

Chaque fois qu'une unité est supprimée se déroule la prise d'armes de dissolution : le passage en revue des personnels, l'arrivée du drapeau, du fanion ou de l'emblème de l'unité dissoute, qui est roulé et envoyé au Service historique de la défense. Chacune de ces fermetures auxquelles j'ai assisté est un souvenir vivace dans ma mémoire, celui de ces cérémonies entre des personnels décontenancés et des élus locaux désemparés, se sentant parfois « orphelins de leurs militaires ». Avec l'unité, c'est souvent une partie de l'identité de la ville qui s'en va ; c'est aussi le tissu économique local qui se trouve fragilisé, quelles que soient les aides compensatoires. Une unité qui ferme, ce sont des milliers d'emplois qui quittent un territoire, des commerces qui perdent leur clientèle, des écoles qui voient des classes se dépeupler, un secteur local du BTP fragilisé. Pour ne prendre qu'un exemple, Châlons-en-Champagne, ville de garnison depuis trois siècles, a perdu plusieurs milliers de militaires avec la fermeture du 1er régiment d'artillerie de marine et de l'état-major de la 1re brigade mécanisée en 2014 ; mille emplois directs et environ sept cents emplois indirects perdus.

Ce vide laissé par ces fermetures se traduit dans la ville à travers les bâtiments, l'« emprise » selon notre jargon. J'ai plaidé pour que, de manière générale, ces bâtiments soient vendus à leur juste prix et que les sommes ainsi récupérées soient réaffectées comme ressources exceptionnelles et réinvesties dans l'infrastructure. Mais, dans les premières années de mise en œuvre de la RGPP, nombre de ces bâtiments ont été cédés pour un euro symbolique aux collectivités locales et territoriales. Il est même arrivé que la dépollution des bâtiments se fasse aux frais de la défense.

Le chemin parcouru

J'aimerais passer en revue, rapidement et de manière non exhaustive, la manière dont ces efforts gigantesques se sont traduits pour nos armées.

– La révolution du soutien interarmées

Cette réforme a consisté à piloter en interarmées les soixante bases de défense (BDD), qui regroupent elles-mêmes les fonctions autrefois éparpillées dans les unités (habillement, restauration, hébergement, solde, administration). Chaque base de défense a ses problématiques locales, et le travail a été immense.

– L'adaptation de la gouvernance

L'ensemble de l'organisation depuis le sommet du ministère a été profondément modifié au cours de cette période. Les processus de commandement ont été simplifiés. Les états-majors centraux ont diminué de 20 % leurs effectifs entre 2010 et 2014. Le déménagement à Balard en 2015 s'est inscrit dans cette logique. Ce fut une manœuvre militaire très compliquée et sensible, qui n'a en rien compromis la permanence du commandement des opérations, à tel point, d'ailleurs, qu'il en a très peu été question dans l'opinion publique. L'État-major des armées, par exemple, est passé de 930 personnes à 600 entre 2012 et 2015. Réformer le haut commandement n'est pas le plus simple. Tous les patrons des grands groupes civils comparables le savent. Cela nécessite beaucoup de détermination et de courage. Certes, on ne commande pas pour être populaire, mais nous avons fait là ce que de nombreuses administrations françaises, privées ou publiques, n'ont pas eu le courage ni la capacité d'accomplir. Nous n'avons en tout cas aucune leçon à recevoir en matière de réforme de la gouvernance.

– Des méthodes modernes de management

Convaincues par leurs cultures que la maîtrise des risques est fondamentale pour réussir, les armées ont mis en place des méthodes de management qui n'ont rien à envier aux grandes organisations comparables. Depuis 2011, un plan stratégique a été instauré, actualisé tous les ans et piloté en interarmées, dans lequel chaque armée, direction et service intègre son propre projet. Ce plan établit une carte des risques harmonisée, qui fixe les priorités en fonction de la répartition des risques par degrés d'intensité et par probabilité d'occurrence. Des dispositifs de contrôle et d'audit interne sont mis en place afin de vérifier que les objectifs sont bien atteints et les risques correctement évalués. D'ailleurs, les armées ont été la première structure publique à avoir été certifiée par l'Institut français de l'audit et du contrôle interne (IFACI), dès 2012. Là encore, tout en restant perfectibles, elles sont plutôt en pointe en matière de management dans la fonction publique.

– Une refonte des ressources humaines

Tous les aspects des ressources humaines ont été concernés : la réaffirmation du statut militaire, le recrutement, la reconversion, la gestion des carrières et des compétences, ainsi que la condition du personnel. L'objectif est bien de rétablir une meilleure cohérence entre le grade, la responsabilité et la rémunération. Ce sujet est probablement, avec celui des soutiens, le thème le plus sensible, car il concerne individuellement chaque personnel. Je note d'ailleurs qu'aucune réforme liée à la politique indemnitaire ne se fait à budget constant, si l'on veut pouvoir bouger les lignes. Il serait équitable qu'il en soit de même pour les militaires, qui ne sont pas des extraterrestres ayant l'obéissance pour seul droit.

Des projets fédérateurs

Depuis 2012, les réformes se sont poursuivies sans relâche. Dans notre projet « Cap 2020 », nous avons fédéré l'ensemble de la dynamique de réformes dans un cadre interarmées qui a accueilli les différents projets stratégiques d'armées : « Au contact » pour l'armée de terre, « Unis pour faire face » pour l'armée de l'air, « Marine 2025 » pour la marine. Ces projets doivent concilier en permanence les objectifs opérationnels, les évolutions géostratégiques, les mutations technologiques et les contraintes budgétaires[1].

1. Je souhaite sur ce plan souligner la qualité de la cohésion de l'équipe de commandement à la tête de laquelle j'ai eu l'honneur d'œuvrer. Je veux citer ma dernière équipe : le général d'armée Jean-Pierre Bosser,

Au cours de ces dernières années, les armées, suivant le principe de subsidiarité, ont chacune adapté en profondeur leur organisation. En permanence, elles sont dans la recherche du meilleur rapport coût/efficacité.

L'armée de terre fait face à un spectre d'opérations plus large et plus différencié que précédemment. Elle s'est adaptée, et a développé des savoir-faire spécifiques au combat terrestre dans les domaines du territoire national (en particulier dans le cadre de l'opération Sentinelle), des forces spéciales (notamment dans le cadre de l'opération Barkhane) et de l'aéro-combat (coopération entre les hélicoptères et les forces au sol). Elle a aussi beaucoup amélioré l'efficacité de l'entretien de ses équipements, en distinguant mieux ce qui relève de sa responsabilité propre et ce qui dépend des industriels. Sa nouvelle politique de ressources humaines valorise mieux le cœur de l'armée de terre : le régiment. Après les attentats, il

chef d'état-major de l'armée de terre ; le général d'armée aérienne André Lanata, chef d'état-major de l'armée de l'air, l'amiral Christophe Prazuck, chef d'état-major de la marine, et mon adjoint direct l'amiral Philippe Coindreau, major général des armées. Car c'est bien une équipe qui, chaque vendredi matin, se retrouvait soudée dans mon bureau pour faire le point et prendre des décisions. Nous avons essayé de donner l'exemple d'une vraie cohésion au service des armées, que nous étions en charge de commander. « Servir » était un mot qui nous animait collectivement et qui nous habitait individuellement.

a fallu renforcer la force opérationnelle terrestre de onze mille soldats supplémentaires. En conséquence, il a donc fallu recruter, former, fidéliser, entraîner ces soldats. Le principal enjeu est le retour à une préparation opérationnelle satisfaisante, c'est-à-dire prévoir des temps d'entraînement entre les missions, ce qui a été largement perturbé par la suractivité de ces deux dernières années. Les équipements, notamment blindés, doivent être également renouvelés afin d'améliorer au plus vite la protection de nos soldats au sol. Au bilan, c'est un nouveau modèle d'armée de terre qui a vu le jour, le dernier ayant été conçu au milieu des années 1990. Il faut donc du temps pour le stabiliser.

L'armée de l'air est en transformation continue depuis plus de dix ans. Elle est organisée pour exécuter ses missions permanentes de protection et de dissuasion, et ses missions d'intervention, comme au Levant ou en appui de l'opération Barkhane au Sahel. Elle fait face à un niveau d'engagement opérationnel inédit et qui risque de durer. Simultanément, elle se réforme, en articulant son organisation autour de la base aérienne. « Pendant les travaux, la vente continue. » Elle doit gérer sa flotte de transport très vieillissante, des avions ravitailleurs vieux de plus d'un demi-siècle, tout en se dotant de moyens de renseignement supplémentaires, notamment des drones. Heureusement, sa flotte de chasseurs Rafale, polyvalents et exceptionnels, lui donne l'assurance de la supériorité aérienne dans la plupart des situations. Les effectifs dans l'armée de l'air subissent une grande tension, car ils ont connu une déflation excessive ces dernières années. L'armée de l'air, quoi qu'il en soit, devra bénéficier d'effectifs supplémentaires, sauf à faire peser sur les aviateurs une pression bien trop forte.

Quant à la marine nationale, elle est en action partout dans le monde, on l'a vu, en haute mer et dans nos approches métropolitaines, ultra-marines ou dans nos zones économiques exclusives. Elle aussi se transforme depuis de nombreuses années pour faire face à une évolution de ses missions : la composante océanique de la dissuasion qui se compose de quatre sous-marins nucléaires lanceurs d'engins (SNLE) ; le groupe aéronaval, articulé autour du porte-avion *Charles-de-Gaulle* – actuellement en arrêt technique majeur depuis janvier 2017 jusqu'à l'été 2018 –, comprend les bâtiments nécessaires à sa protection sous-marine, de surface et antiaérienne ; l'action de l'État en mer qui assure la protection de nos côtes et de nos ravitaillements.

À l'évidence, il faut reconstituer le capital en effectifs et en équipements de la marine. Selon le Livre blanc de 2013, elle a été dimensionnée pour faire face, outre ses missions de routine, à un ou deux déploiements permanents. Or ces dernières années, elle est engagée simultanément sur quatre ou cinq théâtres. Le regain d'activité en Atlantique Nord, la nécessaire présence dans le golfe de Guinée, le soutien aux opérations au large de la Libye et en Méditerranée orientale, la présence indispensable dans le Pacifique, la défense maritime du territoire, sont des missions essentielles pour la sécurité des Français et le rayonnement de notre pays.

Tout en dynamique

Outre les trois armées, chaque direction et chaque service s'est doté d'un plan stratégique de réforme.

Le Service de santé des armées, d'abord, s'est profondément réformé, notamment à l'issue d'un rapport de la Cour des comptes de 2010, très sévère à son égard, et cette réforme se poursuit aujourd'hui. La médecine des forces, c'est-à-dire les médecins affectés dans les régiments, les bateaux et les bases aériennes, s'est regroupée autour de pôles médicaux, les centres médicaux des armées, qui se modernisent au rythme de l'arrivée des crédits financiers. Le nombre d'hôpitaux militaires s'est réduit et les structures s'adossent progressivement à l'offre de soins civile. On a même fermé le célèbre hôpital du Val-de-Grâce, à Paris, hôpital des armées depuis la Révolution française. Le 30 juin 2016, j'ai présidé cette prise d'armes, seulement accompagné du directeur central du Service de santé des armées. J'ai passé en revue les troupes, le personnel soignant, médecins, infirmières, aide-soignants, qui, pour certains, travaillaient au Val-de-Grâce depuis plusieurs décennies. Des visages ruisselaient de larmes. Tous étaient profondément attachés à cette institution, et la blessure psychologique était profonde. Dans la cour d'honneur, empli d'émotion, j'ai prononcé un discours à l'adresse de tous ces hommes et femmes qui ont servi les armées dans ce lieu historique. *La Marseillaise* a retenti, le drapeau a été roulé. C'en était fini du Val-de-Grâce.

La France possède encore un Service de santé des armées exceptionnel, de loin le meilleur en Europe : depuis l'infirmier et le médecin d'unité qui, au plus près du contact avec l'ennemi, procèdent aux premiers soins et mettent le blessé en condition pour être transporté, en passant par la capacité d'exfiltration au sol ou par hélicoptère, jusqu'à un hôpital de campagne, installé sur le terrain parfois en plein désert dans des conditions de rusticité extrêmes ; selon la gravité de son état, le blessé peut être évacué en avion Falcon pour être admis en moins de vingt-quatre heures dans un de nos hôpitaux militaires. Nos combattants savent que, quoi qu'il advienne, nous irons les chercher et ne les abandonnerons jamais. L'armée française est, avec l'armée américaine, la seule au monde à disposer d'une telle pépite. Je me souviens du Noël de 2006, quand un général allié s'est effondré, victime d'une attaque cérébrale, à Kaboul. Avant de perdre connaissance, il a demandé aux secours de l'emmener « dans l'hôpital français ». Et ce sont nos médecins et infirmières qui lui ont permis de se rétablir. Sur le terrain, notre médecine militaire permet d'asseoir notre légitimité auprès de nos alliés.

Cette médecine des armées, j'en suis fier, car je me suis battu parfois contre des moulins à vent technocratiques totalement hermétiques à toute approche autre que comptable. Il est vrai qu'un chirurgien hautement qualifié, qui part deux mois par an en opération, voire parfois davantage, fait baisser les statistiques de rentabilité des hôpitaux militaires, qu'observent méticuleusement les comptables ! La vie de nos soldats n'a pas de prix et, sans cela, combien de militaires ne seraient plus parmi nous pour en témoigner ?

L'État-major des armées a aussi réformé en profondeur l'administration générale et le soutien de l'homme en garnison et au combat avec la création du service du commissariat des Armées. Désormais, un seul corps est en charge de toutes les questions administratives et s'occupe des sujets d'hébergement, d'alimentation, d'habillement, de transport, et de la solde, pour les trois armées. Envisagée depuis les années 1990, cette révolution n'avait jamais abouti. Cette réforme, d'une sensibilité extrême, est loin d'être parvenue à son terme. Il faut trouver l'équilibre entre la fonction experte en matière de soutien et le commandement organique d'armée qui exige qu'il n'y ait qu'un seul chef garantissant la cohérence. Il faudra poursuivre les efforts dans les années qui viennent et trouver les bons réglages, en n'oubliant jamais que l'essentiel, bien avant les statistiques, c'est de mettre nos soldats, marins et aviateurs dans les meilleures conditions d'exercice de leurs missions. Là encore, on ne pourra pas aller plus loin dans les économies.

Souvenons-nous du syndrome Louvois, nom du logiciel administrant le paiement des soldes entré en service en 2011 afin de faire des économies et qui n'a jamais véritablement bien fonctionné. Le précédent système de solde pouvait durer, mais, pour gagner rapidement de l'ordre de mille postes, en majorité des civils qui connaissaient remarquablement leur métier, un système reposant sur un logiciel non fiable a été mis en place. Nos soldats et leurs familles en paient toujours douloureusement les conséquences actuellement et pour quelques années encore. D'ailleurs, il y a aujourd'hui plus de monde pour traiter ce sujet que les mille postes supprimés. Belle manœuvre technocratique !

Les armées ont aussi profondément changé leur organisation des transmissions et des systèmes d'information. La direction en charge de cette dimension essentielle en temps de paix et au combat (la Direction interarmées des réseaux d'infrastructure et des systèmes d'information) s'est totalement restructurée. Le déménagement à Balard a montré combien nous étions efficaces en la matière. Là non plus, il n'y a plus d'économies à espérer. Sans liaisons fiables, sans systèmes d'information modernes, il n'y a pas de victoire possible. C'est l'arme qui relie les hommes.

La France possède encore, et c'est une singularité française au sein de l'OTAN (avec les Américains), un Service des essences des armées trop peu connu du public, mais pourtant absolument essentiel en opération. Le nombre de ses dépôts a diminué d'un tiers depuis dix ans, et ce service s'est aussi profondément réorganisé. La réforme se poursuit, et je ne vois pas comment on pourrait faire plus vite et mieux. Au passage, à chaque crise des carburants pendant un conflit social, ce service est mis à contribution et se révèle bien utile pour l'État, soucieux de conserver des stocks stratégiques.

Enfin, la gestion des munitions s'est totalement réorganisée en 2011 : un seul service pour les trois armées. À la suite de cette réforme majeure, environ un tiers des dépôts existants a été fermé. Or, notre engagement en Afghanistan a marqué une rupture profonde. Depuis la fin de la guerre d'Algérie, nous n'avons jamais consommé autant de munitions de guerre, et dans autant de théâtres d'opérations différents. Ce qui a impliqué de repenser les questions d'approvisionnement et de stockage des munitions.

Le renseignement, une priorité

La fonction interarmées du renseignement s'articule autour de la Direction du renseignement militaire (DRM). Engagée en 2013, la réforme de la DRM est sans précédent, considérant l'accélération de nos engagements opérationnels. Sans renseignement, pas d'action. Cet adage, je l'ai vécu au quotidien. Notre autonomie stratégique dépend énormément de notre capacité à bénéficier d'un renseignement fiable et indépendant, dans tous les domaines : géospatial, cyber, contre-terrorisme.

La coopération avec les services étrangers s'est beaucoup développée ces dernières années. La coordination des différents services nationaux s'est accélérée également et la volonté politique en la matière s'est judicieusement accentuée ces derniers mois. Le lien entre les opérations et le renseignement s'est renforcé, par exemple au Centre de planification et de commandement des opérations (CPCO) à Balard où nous travaillons désormais en plateau intégré, c'est-à-dire en réunissant dans la même pièce ceux qui commandent les opérations et ceux qui amènent le renseignement. L'infrastructure de Balard le permet, avec des pièces modulables, en fonction des crises à gérer.

Les capteurs – humains, électromagnétiques, satellitaires – étant de plus en plus nombreux et performants, un effort important a été fait pour le traitement et l'exploitation des données de masse, en se dotant d'outils « big data » pour l'avenir. La problématique des effectifs est là aussi essentielle : sans personnels supplémentaires, comment se moderniser davantage ?

Considérée comme priorité nationale par le dernier Livre blanc sur la défense et la sécurité nationale de 2013, la cyberdéfense s'est profondément modernisée ces dernières années, tant dans les fonctions défensives qu'offensives. Nous sommes là encore dans le peloton de tête mondial, car notre effort, lancé dès 2009, ne s'est pas ralenti depuis. Cette dynamique a conduit à la création, début 2017, d'un commandement de la cyberdéfense, placé aux ordres du chef d'État-major des armées : ses missions sont de divers ordres. Tout d'abord, protéger les systèmes d'information des armées de cyberattaques, conduire des opérations dans l'espace numérique, notamment de renseignement, permettre aux forces sur le terrain de conserver un temps d'avance sur nos adversaires, eux aussi très présents dans l'espace numérique. Ce domaine est par définition évolutif et consommateur de ressources humaines, matérielles et budgétaires.

Ce panorama des réformes, volontairement non exhaustif et laissant de côté des données plus confidentielles, est assez parlant. Il illustre à quel point les armées vivent en permanente transformation depuis une décennie. C'est, chez elles, une seconde nature. Un état de fait qui est devenu un état d'esprit.

Demain

Alors, que peut-on faire maintenant et pour les années qui viennent ?

D'abord, continuer à s'adapter en permanence et conserver cette même dynamique pour les réformes à conduire. Toute institution de la taille de celle des armées meurt d'entropie, dès lors qu'elle ne se réforme pas.

Ensuite – je me permets d'utiliser cette expression populaire –, ne pas réinventer chaque jour l'eau tiède. Nos brillants diplômés financiers combinent bien souvent une ignorance dédaigneuse à l'égard de la chose militaire avec une imagination débordante pour les « gains de productivité », le Saint-Graal qu'ils sont censés poursuivre sans relâche. Il serait bon qu'ils appliquent leur ardeur à terminer tout ce qui est en cours et qui, comme vous avez pu le noter, est déjà très substantiel. D'autant que, pendant ce temps-là, les opérations de guerre ne diminueront pas.

Trois pistes me semblent toutefois intéressantes. La première est la recherche d'optimisation dans nos coopérations européennes. Nous en reparlerons dans la suite de ce livre. La deuxième est l'externalisation de certaines fonctions de soutien. Nous le faisons déjà. On peut probablement aller plus loin, sous quatre conditions : que ce soit acceptable socialement ; que cela ne dégrade pas notre capacité opérationnelle ; que cela soit plus efficace et moins cher économiquement.

La troisième piste est la réforme de notre processus d'acquisition des équipements que j'appelais de mes vœux. Le président Macron a lancé à juste titre ce chantier. Il nous faut en effet être plus transparents, moins chers, plus efficaces et plus réactifs. On a mis en place un système d'urgences opérationnelles pour fournir l'équipement adapté à une opération en quelques mois. Ce processsus s'est montré particulièrement performant, améliorant de manière tangible la fluidité du dialogue entre les militaires, les ingénieurs de la Direction générale de l'armement (DGA) et les industriels. Le but : raccourcir les circuits administratifs, placer en premier les besoins opérationnels. Cela suppose que l'ensemble des industriels de la filière joue le jeu, y compris les sous-traitants : qu'ils proposent en priorité à l'armée française les équipements dont elle a besoin à un prix raisonné. Cela pose la question du réinvestissement des bénéfices issus des exportations de notre industrie militaro-industrielle. Tout cela manque encore de transparence. Il n'y a ni laxisme ni indulgence à avoir en la matière.

Ces trois pistes ont un point commun : elles nécessiteront du temps avant d'être efficientes, les premiers bénéfices n'apparaissant certainement pas avant 2020.

Sans cultiver l'autosatisfaction, mais, plus modestement, en se référant aux jugements des observateurs étrangers, nous pouvons être fiers et satisfaits d'armées qui ont su tout à la fois mener des opérations difficiles et conduire une transformation nécessaire qui a atteint ses objectifs et ses limites.

Chapitre 5

Le prix de la paix, c'est l'effort de guerre

« Ils ont des droits sur nous. »

Georges Clemenceau

Notre pays compte sur nos armées pour résister, affronter et vaincre. C'est bien là leur vocation. En échange, les armées savent qu'elles peuvent compter sur la nation pour soutenir et participer pleinement à l'effort collectif de défense. Le prix de la paix, c'est l'effort de guerre. « *Si vis pacem, para bellum* » ; autrement dit : « Si tu veux la paix, prépare la guerre. »

En réalité, comme je l'ai affirmé devant la commission de la défense nationale et des forces armées à l'Assemblée nationale le 12 juillet dernier, audition rendue publique depuis, j'avais (et j'ai toujours aujourd'hui en tant que citoyen) deux préoccupations majeures : d'une part, revivifier notre modèle complet d'armée d'ici à 2025 ; d'autre part, obtenir les ressources budgétaires en cohérence avec ce projet. Je n'ai d'ailleurs fait ce jour-là que mon devoir d'information des parlementaires, qui le réclamaient avec insistance, à juste raison. Je leur ai dit avec objectivité et force exemples, sans aucun esprit de polémique, ma vérité. Ils m'ont d'ailleurs unanimement applaudi à deux reprises, à l'issue de mon propos liminaire et ensuite à la fin de la réponse aux questions, ce qui est suffisamment rare pour être souligné.

Revivifier notre modèle

Parce qu'il est complet, notre modèle d'armée nous offre la capacité d'agir, soit en partenariat avec nos alliés, soit comme nation-cadre, si la situation l'exige. Ce modèle est organisé autour de l'équilibre entre ce que nous appelons les cinq fonctions stratégiques : dissuasion, intervention, prévention, protection, connaissance et anticipation. Ainsi, nos armées sont aptes à répondre sur toute la largeur du spectre des menaces : sur terre, en mer, dans les airs, dans l'espace et, désormais, dans le cyberespace.

Quand nous réussissons une opération militaire d'envergure à l'autre bout du monde, c'est l'ensemble de la chaîne opérationnelle qui l'entreprend et qu'il faut entretenir. Un maillon essentiel de cette chaîne est notre capacité industrielle, de l'ouvrier sur les chaînes de montage à l'ingénieur qui conçoit, qu'il appartienne aux groupes industriels ou à la Direction générale de l'armement. À titre d'illustration, un missile de croisière « Scalp », qui détruit un entrepôt de munitions de Daech en Syrie, porte toute une filière de savoir-faire et de ressources technologiques, industrielles et militaires, que la France est un des rares pays au monde à posséder. Le pilote dans son avion Rafale, qui déclenche le départ du missile et le conduit sur la cible, est essentiel, mais il ne serait rien sans les autres, y compris les ouvriers qui ont œuvré à fabriquer et à assembler les différents composants de ce missile. Quand on est chef militaire, il ne faut jamais l'oublier. Notre plate-forme industrielle – c'est-à-dire les groupes industriels, la Direction générale de l'armement, l'État-major – souffre des à-coups liés en particulier aux inflexions ou aux régulations budgétaires. Certes, il y a encore des gains de productivité à chercher dans le processus d'acquisition d'équipements, et je l'ai évoqué dans les pistes majeures de réformes nouvelles à enclencher dans la future loi de programmation militaire. Mais je dois souligner la qualité de notre capacité à produire par nous-mêmes dans tous les segments liés à notre indépendance nationale, notamment la dissuasion nucléaire.

Le modèle est global, et on perd les guerres par le maillon faible. Autrement dit, c'est bien la globalité de la performance du modèle qui garantit la victoire : les personnels recrutés, formés et entraînés ; les équipements technologiquement supérieurs, modernisés et disponibles, la logistique au bon endroit au bon moment dans toutes ses dimensions, que ce soit la maintenance, la santé, les systèmes d'information, le soutien de l'homme, les munitions et le carburant.

Faute de moyens suffisants

Nos armées sont confrontées, depuis plusieurs années, à une forte tension, due à un niveau d'engagement très élevé et qui s'inscrit dans la durée – trente mille soldats en posture opérationnelle, de jour comme de nuit, depuis bientôt trois ans – et à un contexte budgétaire compliqué. Ce grand écart, que j'ai déjà évoqué, n'est pas tenable.

Réclamer des moyens ne signifie pas pour autant que les militaires cherchent à justifier leur outil de défense afin de l'employer à tort et à travers, comme je l'ai entendu parfois. « Donnez-leur des moyens (aux militaires) et ils chercheront à les utiliser et à jouer avec. » Bien au contraire. C'est notre liberté d'action qui est en jeu.

Oui, les militaires connaissent suffisamment les affres de la guerre pour être, avant tout, des artisans de paix. Il n'y avait de réunions internationales de chefs d'État-major des armées au cours desquelles nous n'évoquions pas la nécessité de limiter la violence, d'éviter les dégâts collatéraux lors des frappes, de protéger les populations, de privilégier les négociations.

Car la paix ne va pas de soi. Il faut la conquérir et, une fois conquise, la préserver. L'idée que, dans ce combat, la force serait dépassée est évidemment erronée. Mais croire que la force seule pourrait relever ce défi immense est une dangereuse illusion.

Comme je l'ai maintes fois répété lors des auditions parlementaires publiques, j'ai, par exemple, été souvent contraint de reporter ou d'annuler certaines opérations, faute de moyens disponibles. Ce fut ainsi le cas dans le Nord-Mali. Tout est prêt, mais, au dernier moment, on m'informe que l'hélicoptère ne décolle plus et qu'il faut six heures pour le réparer. La cible sera depuis longtemps partie, il faut renoncer. Ou encore, l'hélicoptère de transport qui permet aux forces spéciales d'arriver sur place au bon moment est en panne. Ou enfin, comme nous n'avons pas assez de drones, nous ne pouvons pas suivre la cible de manière continue. Faute de cette information capitale, nous sommes contraints de renoncer, une fois de plus.

Se pose également la question de notre dépendance vis-à-vis de nos alliés, principalement américains. C'est le cas pour le ravitaillement en vol – nos avions ont plus d'un demi-siècle et ne sont pas assez nombreux. Mais cela vaut aussi pour ce qui a trait au renseignement, concernant les cibles, à leur suivi au moyen des drones. Je rappelle – cette donnée est publique – que l'armée française est actuellement dotée de cinq drones Reaper seulement (dont deux qui encore récemment n'étaient pas opérationnels faute d'effectif formé). Les Américains mettent à notre disposition des créneaux d'utilisation de leurs drones. Or, eux aussi doivent faire face au durcissement de la situation et à la multiplication des priorités.

On l'a vu, notre système n'a cessé de se réformer, ce qui a contribué à le fragiliser. Désormais, il faut régénérer notre modèle. C'est l'ambition qu'il faut porter, afin que les armées puissent continuer à assurer leur mission de protection de la France et des Français, à l'horizon 2025. C'est le projet « Cap 2025 », préparé durant l'hiver 2016-2017.

Gagner

La voie est tracée sur deux axes. Le premier axe, pour « gagner », est celui de la remontée en puissance. Nous n'avons pas d'autre choix. Le deuxième axe, tout aussi important, doit nous permettre de « ne pas perdre » : c'est celui de l'amélioration des conditions de vie quotidienne des militaires, qui ont eu à souffrir, ces dernières années, de l'apparition de nouvelles fragilités, souvent méconnues. C'est plus largement celui du moral ; celui des militaires et de leurs familles.

Comment remonter en puissance ? En établissant trois priorités.

D'abord, il convient de régénérer le modèle en profondeur, en revenant, au plus vite, sur les déficits en équipement, en effectifs formés et entraînés, en munitions disponibles, en pièces de rechange ; ce que l'on appelle dans notre jargon les « capacités » les plus pénalisantes ; c'est-à-dire celles qui menacent directement les aptitudes clefs des armées.

Il est essentiel en premier lieu de savoir et de comprendre. L'insuffisance de moyens de renseignement aérien – en particulier drones et avions de chasse – ne nous permet pas d'armer les théâtres à la hauteur de ce qu'exige la menace actuelle. Pour conduire leurs opérations, nos forces se retrouvent souvent en situation de dépendance vis-à-vis des Américains, qui eux-mêmes ont leurs propres contraintes et n'ont pas nécessairement les mêmes priorités que nous.

La deuxième aptitude est de combattre à distance et au contact. Le combat à distance n'est pas seulement conditionné par la faible disponibilité de nos avions ravitailleurs, due à leur âge. Il dépend bien sûr aussi de notre capacité à transporter des forces et des équipements. Notre flotte de transport aérien à bout de souffle attend avec impatience l'arrivée des A400M qui tarde depuis des années. L'armée de l'air en est réduite à louer des Antonov – des gros avions de transport russes – avec des équipages moldaves, ukrainiens ou autres. Considérant le nombre d'engagements dans le monde, ce marché est de plus en plus tendu, limitant ainsi notre liberté d'action. Il nous est arrivé plusieurs fois de devoir reporter des livraisons, faute d'Antonov disponibles. Et cette procédure ne garantit pas des conditions de fiabilité et de sécurité optimales.

Une bombe guidée laser est composée de plusieurs parties, certaines sont fabriquées en France, mais d'autres ailleurs. On ne reconstitue pas une munition quelle qu'elle soit en l'espace de deux mois. Dans la campagne du Levant, quand il a fallu reconstituer nos stocks, on a pu mesurer le délai nécessaire : plus de un an en moyenne entre la commande et la livraison. Les systèmes de désignation des cibles à traiter sont aussi cruciaux dans la réussite des opérations. Me revient un souvenir d'une soirée d'hiver dans la bande sahélo-saharienne. On apprend que des terroristes viennent de prendre un ressortissant français en otage et ont fui en pick-up. Aussitôt avertis, nous sommes prêts à agir : un pilote décolle peu après pour faire les indispensables repérages, préalables à l'intervention au sol des forces spéciales. Au bout de six heures de vol au-dessus du désert, il atterrit. Dans un état de frustration intense : le pod laser, c'est-à-dire le dispositif permettant aux avions de prendre des photos, manquait de précision pour prendre des clichés lisibles. Un équipement de nouvelle génération, disponible sur le marché mais dont nous ne sommes pas équipés pour des raisons budgétaires, lui aurait permis de réussir sa mission. Et peut-être de contribuer à libérer un citoyen français des mains des terroristes.

Cette situation pèse et entrave tant nos efforts que notre liberté d'action. Sur le terrain, la situation n'est pas différente. Ainsi, au Sahel, nos blindés font face à des conditions difficiles : des températures supérieures à 40 degrés, du vent de sable, un terrain sablonneux et parfois rocailleux. Par exemple, nos véhicules de transport de troupes (véhicules de l'avant blindés), âgés, en moyenne, de trente ans, sont suremployés. Ainsi, depuis le début de l'opération Barkhane, plus de quatre-vingts blindés déployés au Sahel ont été mis définitivement hors d'usage, renvoyés en France pour finir à la casse. Leur remplacement n'est bien sûr pas compensé immédiatement ; ils font défaut pour l'instruction des équipages et des groupes de combat en garnison.

La troisième aptitude est de durer. Là encore, un exemple venu du terrain : le Service des essences des armées dispose d'un seul laboratoire mobile d'analyse des produits pétroliers. Cet outil est fondamental pour garantir la pureté des carburants utilisés par nos équipements, notamment nos avions et nos hélicoptères, et leur permettre de fonctionner en sécurité. Après plusieurs années de déploiement dans la bande sahélo-saharienne, il est logique de rapatrier ce laboratoire pour qu'il soit entretenu. Nos experts vont ainsi se trouver, plusieurs semaines, dans l'incapacité d'analyser les produits pétroliers. On imagine les conséquences en termes d'autonomie et de réactivité.

Je pourrais aussi parler de notre flotte maritime, à laquelle on demande de tenir la mer, avec des bateaux (selon le terme technique, des bâtiments, qui regroupent les frégates de tous types mais aussi les sous-marins) « au bout du rouleau », que l'on ne cesse de prolonger depuis des années jusqu'aux limites admissibles de la sécurité.

La quatrième aptitude est de protéger et se protéger. Même si la situation s'améliore, il y a six mois, 60 % des véhicules déployés dans la bande sahélo-saharienne étaient non blindés, avec, là encore, des conséquences directes en termes de souplesse d'emploi de la force et d'exposition de nos soldats. Ainsi, en RCA, dans les moments de forte tension, il était difficile d'envoyer des troupes en camionnette alors qu'elles pouvaient être confrontées à des tirs de grenade ou d'arme légère. Dans un véhicule blindé, les soldats étaient protégés. Trop souvent, ils ne l'étaient pas. Ces mêmes soldats qui sont, d'ailleurs, toujours équipés avec une arme de poing qui date de 1950 et, pour certains d'entre eux, encore avec des gilets pare-balles que je portais déjà au Kosovo en 1999.

Pour être tout à fait objectif, je ne veux pas laisser croire que toute l'armée française est dans un état de paupérisation totale. Nous récupérons peu à peu des nouveaux matériels, des véhicules performants. Le problème tient à leur rythme d'arrivée et à leur nombre.

Il faut, pour gagner, donner aux soldats les moyens correspondant aux missions. C'est le moins que l'on puisse demander et obtenir pour les hommes et les femmes de nos armées, qui ne comptent pas leurs efforts. Quels Français accepteraient de voler dans des avions Caravelle ou de rouler sur l'autoroute en 2CV ?

Au-delà des contrats prévus

La deuxième priorité est d'aligner les contrats opérationnels, simplement, sur la réalité des moyens engagés en opération aujourd'hui, considérant, je l'ai déjà dit, que le niveau de menace ne diminuera pas dans les années qui viennent, et c'est un euphémisme. Or nos engagements actuels dépassent d'environ 30 % les contrats détaillés dans le Livre blanc de 2013.

À titre d'illustration, l'armée de terre est déployée sur cinq théâtres d'opérations, au lieu de deux à trois prévus. Le déploiement du contrat de protection – c'est-à-dire la capacité des armées à déployer une force de circonstance face à un événement majeur sur le territoire national – était prévu pour quelques semaines à hauteur maximale de dix mille soldats. L'opération Sentinelle comprend sept mille soldats depuis la mi-janvier 2015, avec des pics succcesssifs à dix mille selon les événements. La marine avait comme objectif un à deux théâtres ; elle est aujourd'hui déployée sur quatre à cinq zones, y compris les plus lointaines (Pacifique). L'armée de l'air a un volume d'avions de chasse déployés en moyenne en opérations extérieures supérieur à une vingtaine d'avions, alors que le contrat de 2013 en stipulait une douzaine au maximum.

Les nouveaux contrats devront prendre en compte les effectifs nécessaires, le maintien en condition et la préparation opérationnelle. Toutes les armées se fondent sur le cycle préparation-opération-récupération. La préparation, c'est l'entraînement, une étape indispensable pour que nos forces soient prêtes. Or en 2016, les unités de l'armée de terre ont été tellement suremployées que la moitié des séjours prévus dans les centres d'entraînement ont été annulés. Le risque est de disposer de forces sous-instruites et suremployées. Un équipage de char Leclerc doit pouvoir au cours d'une année effectuer les exercices de simulation et de tir qui lui permettent d'être opérationnel. Étant en permanence retenu dans des missions, ce n'est pas toujours le cas.

Par an, un pilote de chasse, pour être opérationnel, doit voler 180 heures en entraînement. L'an dernier, nos pilotes ont volé en moyenne en entraînement 160 heures, dont 100 heures directement en opération qui font alors fonction d'entraînement, ce qui n'est pas acceptable. De la même manière, la marine a dû renoncer au quart des sorties en mer pour l'entraînement. Une telle contraction du temps et des moyens dévolus à la préparation opérationnelle génère des vulnérabilités qu'il convient de corriger, sans attendre. À la guerre, toute insuffisance se paie cash.

Rénover notre dissuasion nucléaire

Enfin, la troisième priorité est de préserver l'indispensable crédibilité de la dissuasion nucléaire par le renouvellement de ses deux composantes, océanique et aéroportée. Pour être soutenable, l'effort doit être lissé sur les quinze prochaines années. Le flux annuel budgétaire passera, à partir de 2020, de 3,9 milliards d'euros à environ 6 milliards d'euros en 2025. Quant au désarmement nucléaire, bien sûr, chacun ne peut que le souhaiter, mais en l'état actuel des arsenaux des grandes puissances, il est impossible de descendre plus bas notre volume de têtes nucléaires, situé à hauteur de trois cents. Il y va de la crédibilité de notre dispositif pour préserver nos intérêts vitaux. Nous sommes strictement au seuil de suffisance. Je rappelle que les États-Unis en sont aujourd'hui à environ 7 000, la Russie à 8 000.

Ne pas perdre

Après la remontée en puissance, il faut également améliorer la vie quotidienne du soldat, selon deux priorités : le soutien et la condition du personnel.

La première priorité est l'ajustement du soutien – tout ce qui concerne la vie quotidienne des personnels –, pour permettre au modèle d'absorber l'intensification du rythme d'engagement des forces. Les pistes d'amélioration sont nombreuses. Je pense, notamment, à l'infrastructure, c'est-à-dire la qualité du parc immobilier et des zones de stockage, d'entretien, des garages, etc. C'est la priorité des priorités. Elle souffre d'un déficit récurrent de ressources budgétaires depuis plusieurs années qui affecte les conditions de travail et ne permet plus de garantir des conditions de logement simplement décentes aux nombreux soldats, marins et aviateurs professionnels qui logent sur les bases ou à bord des bâtiments de la marine. L'hiver dernier, à Belfort, des maintenanciers réparaient leurs véhicules dans des hangars à 2 degrés, parce que le chauffage était en panne et que nous n'avions pas les crédits pour le réparer.

Plus généralement, la vie des militaires, au quotidien, est entravée par trop de complications à tous les niveaux : les démarches administratives, les procédures liées à la moindre commande de matériel, les délais de réservation de moyens, etc. Si cette organisation, liée à la réforme du soutien que j'ai évoquée plus haut, a permis d'économiser des effectifs, ce ne doit pas être au détriment de la cohérence globale ni de la priorité qui est la satisfaction du besoin opérationnel. Il faut mettre de la souplesse dans le système en acceptant de l'adapter à chaque problématique locale.

La deuxième priorité est l'amélioration de la condition du personnel qui concerne tous les aspects de la vie du militaire : sa famille, sa rémunération, son logement, etc.

Dans ce domaine, il n'est plus possible de différer les mesures concrètes. Les armées sont composées à 63 % de contractuels, avec des contrats en moyenne entre trois et cinq ans. Quand on leur parle de la trajectoire budgétaire dessinée à l'horizon 2025, une majorité d'entre eux ne se sentent pas concernés dans l'immédiat, d'autant plus si on ne consent pas les efforts dont ils ont besoin aujourd'hui ou demain, en supprimant 850 millions d'euros en 2017. Pour une part importante d'entre eux, ils auront quitté l'institution en 2025. L'effort doit être porté dès maintenant pour être crédible.

Aider nos familles

Les familles, elles aussi, attendent un geste. Leur souffrance gronde depuis plusieurs années, et je n'ai cessé de m'en faire l'écho. Je suis heureux d'apprendre, alors que ce livre part sous presse, l'annonce par la ministre des Armées de mesures à venir sur ce plan. Ces familles souffrent de difficultés : quand vous êtes appelé à déménager fréquemment, votre conjoint n'a pour alternative que de vous suivre et donc de perdre son emploi ou de rester et de subir l'éloignement géographique. Par aillleurs, et notamment en région parisienne, les jeunes militaires, officiers, sous-officiers et militaires du rang, peinent à se loger, faute de logements disponibles. Dans bien des cas, ils se trouvent contraints de se loger dans le secteur civil et les aides qu'ils perçoivent ne sont pas à la hauteur des tarifs pratiqués en région parisienne.

Par ailleurs, la confiance des familles a été sérieusement fragilisée par la crise « Louvois », que j'ai déjà évoquée, ce logiciel de paiement de la solde totalement non fiable. Les personnels sont obligés de vérifier chaque mois s'ils ne sont pas victimes d'erreurs de calcul, si la solde a bien été versée dans sa totalité. Avec un conjoint souvent absent, sans savoir si vous pourrez payer votre loyer ou faire face à vos échéances, comment garder confiance ? En dépit des mesures palliatives qui ont été mises en place, les armées ne sont toujours pas sorties de cette crise. L'arrivée du logiciel suivant, baptisé « Source-Solde », est annoncée à partir de 2018 dans la marine. Certaines mesures ont, d'ores et déjà, été prises, mais le « syndrome » Louvois n'aura pas été totalement surmonté avant encore plusieurs années.

À chacun de mes déplacements sur le terrain à l'étranger ou dans les unités sur le sol national, j'essayais d'organiser un moment de rencontre avec les familles, les yeux dans les yeux. J'ai toujours été passionné par ces échanges de grande franchise, et c'est dans ces moments que j'ai mesuré la chance que nous avions d'avoir des familles et des conjoints solidaires et dévoués qui épousent véritablement la vocation de leurs maris ou de leurs femmes. Avec un sens du devoir qui n'a d'égal que la discrétion qui l'accompagne. En visite dans une base aérienne dans l'est de la France, une épouse de militaire que j'interrogeais sur ses conditions de vie au cours d'un déjeuner m'a ainsi appris, à ma grande stupeur, qu'il fallait parcourir plus de cent kilomètres pour consulter un médecin traitant.

Je voudrais insister sur l'importance essentielle de l'environnement familial. Nous n'en parlons pas assez, alors que la pression pesant sur les familles n'a cessé de s'accroître à mesure qu'a diminué leur pouvoir d'achat[1].

Depuis l'attaque contre *Charlie Hebdo* en 2015, les familles de militaires ont dû encaisser l'absentéisme croissant du conjoint, lié à la surchauffe des activités dans les missions intérieures et les opérations extérieures. Des dizaines de milliers de militaires ont passé plus de cent cinquante jours loin de leur domicile en 2016. Elles ont aussi dû supporter des emplois du temps imprévisibles tant il est complexe aujourd'hui d'organiser la planification qui se fait au gré des événements. Quand les missions sont déclenchées avec un préavis d'une semaine, comment organiser le moindre événement familial, un voyage, un anniversaire, un mariage ? Telle est la vie quotidienne des militaires

1. Au bilan, je vous renvoie aux excellents rapports publiés par le Haut comité d'évaluation pour la condition militaire (HCECM) de ces dernières années, qui expliquent, preuves à l'appui, la baisse de pouvoir d'achat des militaires par rapport au reste de la fonction publique.

aujourd'hui. Ne nous voilons pas la face. Ils l'accepteront avec honneur et fidélité, si la considération se manifeste en échange et si la situation s'améliore.

Chaque départ en opération convoie son lot d'inquiétudes, si légitimes pour les familles qui voient partir un conjoint, un fils ou une fille, sans savoir s'il ou elle rentrera tout court ou reviendra blessé, sur un plan physique ou psychologique. Cette incertitude liée aux risques croissants qui pèse sur la vie militaire est nouvelle. Le durcissement des engagements, que j'ai évoqué précédemment, en est une des causes majeures. À chacune de mes visites à l'hôpital militaire Percy, je m'attachais à écouter des blessés physiques et post-traumatiques. Sur ce plan, nos savoir-faire ont beaucoup évolué, et les recherches sur les blessures post-traumatiques ont toujours été pour moi une préoccupation essentielle. Les blessés doivent être suivis dans la durée, même lorsqu'ils ont quitté l'institution militaire, ce qui est désormais possible grâce au parcours de soin les concernant et en s'appuyant sur les structures préfectorales de l'Office national des anciens combattants (ONAC). Les blessures post-traumatiques parfois invisibles doivent évidemment être tout autant prises en charge. C'est essentiel et parfois compliqué. Je me souviens de ce sous-officier, mère de famille, à qui j'ai rendu visite en 2015 pour une blessure post-traumatique. Elle avait été longtemps soignée pour des dépressions successives. En réalité, elle se trouvait dans le camp qui avait été bombardé par un avion ivoirien à Bouaké, en 2004. Le bombardement avait fait de nombreux morts et blessés dans les forces françaises, mais elle en avait, en apparence du moins, miraculeusement réchappé. Ce n'est que plus de dix ans plus tard qu'elle a pu être enfin diagnostiquée et correctement soignée, d'ailleurs en partie grâce à l'art-thérapie. Les progrès sont significatifs, mais il faut poursuivre dans cette voie.

Je sais de quoi je parle quand je rends hommage à nos familles. Je voudrais ici témoigner ma reconnaissance et mon affection à ma propre famille, mon épouse Sabine et mes six enfants, qui ont été pour moi, depuis plus de trente années, à la fois une exigence constante et un soutien attentif. Derrière l'officier, il y a l'homme, le père et le mari. Je sais ce qu'est un enfant qui refuse de parler à son père pendant plusieurs jours au retour d'une mission de cinq mois. Je connais la difficulté de retrouver sa place au sein de la famille après une longue absence. Je sais combien nos enfants de militaires souffrent d'une scolarité chaotique, changeant parfois trois fois d'école en quatre ans. J'ai connu cela. Je sais combien l'administration ne nous facilite pas les choses – alors que nos familles qui nous suivent le mériteraient –, nous demandant sans cesse et depuis des années les mêmes papiers, comme si notre date de naissance et celle de nos enfants changeaient régulièrement. Je rassure d'ailleurs tous nos personnels en activité : on continue à me demander tous ces renseignements à la retraite ! Je sais combien il est difficile de se loger à Paris ou dans les grandes villes de France. Même si je ne l'ai pas vécu moi-même, je sais combien le célibat géographique est pesant lorsque l'on n'a pas d'autre solution que de se séparer durant la semaine, pour ne pas perdre son emploi, pour ne pas « abîmer » un peu plus les études des enfants ou tout simplement parce que l'on est propriétaire de son logement que l'on a mis des années à acquérir. Il est urgent d'agir « plus vite, plus fort et plus loin », suivant la belle devise de l'ancienne Force d'action rapide des années 1990.

Écouter les battements du cœur

Cette préoccupation est primordiale, en réalité, car elle met en jeu le moral et la fidélisation des militaires. En opération, nos armées affichent un excellent moral. Les missions sont intéressantes et valorisantes. Les soldats, marins et aviateurs connaissent la part de risques et savent que leur engagement est essentiel pour la protection de la France et des Français. Ils en sont fiers et supportent avec sérénité les manques de moyens, qui pèsent sur l'efficacité des missions.

Au quartier, à la caserne, dans la base navale ou aérienne, en revanche, le moral est souvent mauvais ou inégal. La vie quotidienne, avec son lot de difficultés récurrentes, pèse sur l'envie de poursuivre un nouveau contrat. Pour s'en convaincre, il suffit de consulter le dernier rapport du Haut comité d'évaluation de la condition militaire, structure indépendante composée de personnalités qualifiées et objectives. Le rapport montre que 62 % des militaires interrogés déclarent « envisager de quitter l'institution pour changer d'activité si l'occasion se présentait » et 70 % des interrogés ayant une ancienneté de onze à vingt ans répondent de même. C'est là où il faut absolument et sans délai accélérer l'effort. Une fidélisation fragile a aussi un coût économique : mieux vaut investir tout de suite et conserver nos personnels que de payer à fonds perdus la formation coûteuse de nouvelles recrues.

Il s'agit, également, d'une question de reconnaissance pour ce travail remarquable qui est mené, dans la discrétion, par les hommes et les femmes de nos armées, civils et militaires, d'active et de réserve. J'ai essayé de commander les armées au plus près du terrain. Pas une semaine sans un déplacement dans les forces, en France ou à l'étranger. Lors de ces déplacements, il n'y avait pas de cocktails mondains, mais des rencontres directes avec ceux que j'ai eu l'honneur de commander. Au quatrième kilomètre d'un footing se noue un échange vrai et sincère, notamment sur ce que l'on peut améliorer au quotidien. J'ai toujours essayé d'écouter les battements de cœur de nos soldats, marins, aviateurs. De nombreux exemples pourraient illustrer cette forme de paupérisation de la vie quotidienne du soldat d'aujourd'hui, qui sape inutilement son moral et contre laquelle j'ai lutté avec détermination dans les limites des moyens qui nous étaient accordés : leurs logements sont parfois indignes ; l'alimentation est dans certains endroits perfectible, que ce soit dû aux installations ou à la nourriture dispensée. Les munitions trop souvent insuffisantes pour l'entraînement, les matériels trop peu disponibles pour l'instruction, le nombre de véhicules trop réduit pour les transports, les systèmes d'information inadaptés ou en panne, certains hangars à véhicules hors d'usage, le chauffage parfois hors service, les petits équipements individuels non modernisés, parce que non remplacés… Certes, nos militaires s'adaptent et se débrouillent. C'est admirable de leur part, mais tout simplement inacceptable de la part de l'institution. Je ne parle pas d'équipement qu'ils achètent par confort, mais bien des services en charge de la vie quotidienne qui doivent leur fournir les conditions à la hauteur de leur engagement. Naturellement, ça coûtera de l'argent. Mais comment faire autrement ?

Un dernier point sur le moral me semble essentiel. Un des points forts, qui suscite l'admiration de nos partenaires étrangers, est la qualité de nos soldats et de leurs valeurs, ce que l'on appelle les forces morales. Le soldat français ne recule pas au combat. La mission est sacrée, jusqu'à son dernier souffle. « La vie plutôt que le courage abandonna ces soldats français », lit-on chaque année le 30 avril, lors de la commémoration des combats de Camerone[1]. Ces difficultés en termes de moyens laminent le réservoir de forces morales et compromettent l'efficacité opérationnelle au combat. Évidemment, tout cela est difficile à expliquer avec de simples tableaux de chiffres. Pourtant, ces deux axes pour revivifier le modèle – remontée en puissance et amélioration du quotidien – ne pourront être menés à bien que s'ils sont soutenus par un effort budgétaire, sensible et rapide.

1. Lors de l'expédition au Mexique, le 30 avril 1863, à Camerone, une bataille opposa les troupes mexicaines à une compagnie de la Légion étrangère. Soixante-deux soldats de la Légion résistèrent plus d'une journée à l'assaut de deux mille soldats mexicains.

Chapitre 6

Le nerf de la guerre

La traduction ordinaire de cette difficile cohérence entre les missions et les moyens est budgétaire. Elle se trouve alors banalisée dans l'abstraction des tableaux comptables. Chaque ministère juge volontiers son budget insuffisant. Pris dans l'enchevêtrement des lignes budgétaires, on finit par ne plus savoir de quoi on parle. Certes toute dépense publique est affectée. Ici pour l'éducation et là pour la justice, ici pour la recherche et là pour la police. Mais il ne s'agit que d'étiquettes. Rien de concret, de vivant, de vécu. Vous saurez maintenant mettre des faits concrets sur des discussions qui risqueraient autrement de se perdre dans des querelles de chiffres.

Pour le chef d'État-major des armées, ce piège budgétaire est redoutable. D'un côté, il doit discuter avec des techniciens financiers, parfois technocrates, qui voient à longueur de journée défiler dans leur bureau des gestionnaires s'efforçant d'améliorer leur budget, qui ne connaissent de langage que celui des chiffres et de raisonnement que des opérations arithmétiques, de l'autre, il doit faire face à des situations difficiles, inquiétantes et de la plus extrême urgence quand elles viennent des théâtres d'opérations.

Ma longue expérience, depuis 1991 jusqu'au plus haut niveau de l'État-major, m'a pleinement convaincu de la nécessité pour la République d'imposer dans tous les domaines la discipline budgétaire. Et j'ai essayé d'y contribuer en mettant en œuvre une réforme des armées de grande ampleur, on l'a vu. Les finances publiques ont des règles parfois obscures mais nécessaires. La préparation des prochains budgets au printemps, l'établissement des corrections en gestion (appelées collectifs budgétaires), les reports de crédits ou de charges, la fin de gestion à l'automne, d'une année sur l'autre, ont été mon quotidien.

J'ai apporté la plus grande attention à ces exercices, car je sais que, pour arides qu'ils soient, ils définissent *in fine* les capacités opérationnelles et les conditions mêmes de vie de nos soldats. Je sais de quoi je parle quand j'analyse en termes financiers l'avenir de notre armée. C'est un des rôles du CEMA, tel que le définit le Code de la défense : des trois programmes qui fondent le budget de la défense, il est responsable de celui relatif à la préparation et à l'emploi des forces

(Programme 178) et copilote, avec le directeur général à l'armement, celui prévoyant l'équipement des forces (Programme 146).

Tenir les engagements

C'est tout l'objet de la trajectoire budgétaire qui doit amener à l'objectif fixé par le président de la République : 50 milliards d'euros courants (hors opérations extérieures et hors pensions) en 2025, auquel je souscris pleinement. Devant nous, il y a trois horizons temporels.

Le premier horizon, immédiat : c'est donc l'exécution finale du budget 2017, une exécution qui doit absolument être préservée. En opération extérieure comme sur le territoire national, nos armées assurent la sécurité des Français au quotidien, dans des conditions souvent très difficiles. Elles doivent disposer des moyens nécessaires pour remplir leurs missions, en France même, mais aussi sur tous les théâtres extérieurs. C'est cela qui importe.

Les exécutions budgétaires ont pu être préservées en 2015 et 2016. Il doit en aller de même en 2017, car les armées ne sont pas moins sollicitées, loin s'en faut. Au-delà des annonces qui ont été faites (annulation de 850 millions d'euros), il faut *in fine*, et dans le pied de colonne du budget exécuté, retrouver le contenu réel : c'est-à-dire celui qui a été voté l'année précédente par les parlementaires, évidemment majoré des surcoûts dus aux opérations qui n'étaient pas prévues dans le budget initial. Les artifices comptables sont nombreux, et je les connais par cœur : gels, annulations, reports de charges, reports de crédits, surcoût opérations extérieures (OPEX) et intérieures, etc. Je sais parfaitement les traduire en termes simples et concrets, en tirer les conséquences pour nos armées.

Je demande donc que les choses soient clairement expliquées, pour être assumées, en particulier pour leurs conséquences en opération et dans la vie quotidienne. Et cette vérité, je la dois en premier lieu aux parlementaires, qui incarnent la vitalité et la légitimité de notre République. Ils doivent savoir que reculer des programmes d'armement impacte gravement la vie quotidienne des soldats, leur entraînement comme leur capacité opérationnelle. Prétendre le contraire, c'est mettre un écran de fumée pour interdire à la représentation nationale de faire clairement ses choix. Tous les experts le savent. Si tout ou partie du programme Scorpion qui prévoit l'arrivée des nouveaux blindés glisse dans le temps, si la commande des frégates de la marine est repoussée, si l'arrivée des drones est différée, si les avions ravitailleurs sont prolongés encore plus que prévu, la capacité opérationnelle de nos armées est amputée et donc la vie quotidienne de nos soldats altérée. Les armes, ce sont leurs instruments de travail. Lorsqu'elles viennent à manquer, lorsque leur mise à disposition est retardée, alors ils sont hors d'état de remplir leurs missions. On dit que le temps perdu ne se rattrape jamais. C'est particulièrement vrai pour le temps de guerre.

Le deuxième horizon de très court terme est la loi de finances 2018. Cette première marche est essentielle. C'est elle qui va donner le ton de ce que sera le budget triennal (2018-2020) et, au-delà, la loi de programmation militaire 2019-2025. L'équation est simple. Ce qui m'apparaît comme le minimum de ressources budgétaires pour 2018 est un montant de 34,8 milliards d'euros, qui se décompose comme suit :

– 32,8 milliards d'euros qui étaient le budget 2017, soit la loi de finances initiale ;

– 1 milliard d'euros issu des décisions prises en Conseil de défense le 6 avril 2016, pour couvrir les besoins supplémentaires indispensables pour faire face à la menace terroriste (il s'agit en fait du financement de décisions déjà mises en œuvre) ;

– 200 millions d'euros décidés à l'été 2016 par le président de la République, notamment pour améliorer la condition du personnel, financer le service militaire volontaire et créer la garde nationale ;

– 600 millions d'euros pour soutenir le surcroît d'engagement de nos forces et atténuer le sous-dimensionnement chronique de certains soutiens, dont l'infrastructure ; ce chiffre est identique à l'augmentation du budget de l'année précédente.

– et, enfin, 200 millions d'euros pour renforcer, à très court terme, la protection de nos hommes, de nos installations et de nos équipements.

Comme chacun le sait, on peut faire dire beaucoup de choses aux chiffres, en jouant notamment sur le périmètre physique de ce qu'ils recouvrent. Les techniciens financiers sont experts en la matière, à tel point qu'ils peuvent expliquer que les dépenses engagées par le quinquennat précédent constituent une augmentation décidée par le nouveau gouvernement. Ce dernier annonce une augmentation de 1,8 milliard (dont 200 millions pour les surcoûts des OPEX) pour 2018. Or, sur ces 1,8 milliard, 1,2 étaient annoncés par le président Hollande et déjà engagés. Nous verrons bien au moment du vote si nous sommes plus près de 35 milliards d'euros que de 34 (hors pensions et hors coûts des opérations extérieures).

C'est un des désaccords majeurs que j'ai eus au mois de juillet. Si la hausse est bien réelle sur le plan strictement financier, et j'en suis bien conscient, l'arbitrage du début de l'été risque de ne rien changer à la situation concrète vécue sur le terrain, car pour l'essentiel il ne prend en compte que des dépenses déjà engagées. Je rappelle que le flux financier lié à la rénovation de la composante nucléaire océanique augmentera sensiblement dès 2020. Tous les efforts que nous n'aurons pas faits à cet horizon viendront télescoper cet objectif. On ne pourra pas dire alors que l'on ne savait pas.

Il s'agit, en réalité, de bâtir d'emblée, sur des bases saines, une trajectoire de remontée en puissance pour consolider notre modèle. Lors des deux quinquennats précédents, on a déjà promis que la courbe augmenterait en fin de mandat. Ce qui n'a malheureusement pas été le cas. Encore une fois, je ne suis plus un lapin de six semaines. Si ma démission a pu contribuer, de près ou de loin, directement ou indirectement, à favoriser les arbitrages en faveur d'une meilleure prise en compte des préoccupations évoquées jusqu'ici, je ne peux que m'en réjouir. Les mois à venir seront décisifs sur ce plan avec l'arrivée de la nouvelle loi de programmation militaire.

La loi de programmation militaire 2019-2025

Le troisième horizon de court terme est la loi de programmation 2019-2025. Elle doit être celle de la régénération et de la projection vers l'avenir. D'ores et déjà, l'ordre de grandeur de l'effort à consentir est connu. Il est, globalement, de 2 milliards d'euros supplémentaires tous les ans. Ces 2 milliards d'euros s'entendent pour le ministère de la Défense. On ne saurait accepter un quelconque changement de périmètre qui gonflerait artificiellement les crédits défense en englobant tout ou partie de missions ou programmes existant par ailleurs, ou bien, encore, l'augmentation de la provision pour les opérations extérieures. Je suis désolé d'être un peu technique sur ce point, mais la vérité l'exige.

Cela signifie très clairement que notre modèle, cohérent avec ce que nos armées font aujourd'hui, nécessite des frégates, des avions de chasse, des blindés, des drones, des moyens de renseignement et de cyberdéfense supplémentaires. En outre, ces augmentations de crédits permettront de faire face à toutes les difficultés dont j'ai fait part précédemment, notamment celles liées à la protection de nos troupes, à la vie quotidienne et à la condition militaire. Enfin, on l'a vu, la victoire, c'est d'abord la maîtrise du grain de sable, du maillon faible. Rien ne se construit sans les hommes, et la plus grande vigilance doit être de mise dans cette montée en puissance budgétaire sur les effectifs nécessaires. Les arbitrages sont difficiles. Je rappelle sur ce point qu'un A400M (l'avion de transport européen) équivaut globalement à environ cinq mille soldats supplémentaires. Je crains que le

« grain de sable » ne réside dans cette tension sur les effectifs si on ne décide pas de les augmenter substantiellement sur la période, c'est-à-dire de plusieurs milliers, car nous sommes à l'os.

Compte tenu de l'urgence, la loi de programmation militaire (LPM) doit être votée au plus tôt, c'est-à-dire avant le 14 juillet 2018, pour intégrer comme première année le projet de loi de finances 2019. Cela suppose évidemment que les choix faits soient en cohérence avec la revue stratégique sur la défense et la sécurité nationale, rendue publique il y a quelques semaines et dont je me félicite de voir qu'elle reprend ce pour quoi je me suis battu ces derniers mois : préserver notre modèle d'armée complet. Cette préoccupation de calendrier a été entendue par le président de la République. J'espère que les délais seront tenus. Nos ennemis, eux, tiendront les leurs.

L'horizon 2030

À plus long terme, il y a le modèle 2030. Les travaux stratégiques et budgétaires, que je viens d'énoncer, tendent à bâtir un modèle d'armée complet adapté au contexte sécuritaire, tel qu'il est envisagé à quinze ans. Nous, les militaires, sommes aussi contraints de nous situer dans le temps long. Il faut compter plus d'une dizaine d'années entre la décision de moderniser un matériel majeur et sa conception, sa mise au point, sa construction et son arrivée en opération.

Le danger du renoncement

Vous l'avez compris, la première marche de 2018 et la LPM 2019-2025 sont absolument essentielles. Je ne suis pas le seul à le penser : des personnalités aussi respectables que professionnelles comme les sénateurs Jean-Pierre Raffarin et Daniel Reiner l'ont écrit noir sur blanc dans le rapport d'information parlementaire *2 % du PIB : les moyens de la défense nationale*, rédigé au printemps dernier.

La souveraineté économique ne s'oppose pas à la souveraineté de défense ; bien au contraire ! Reste qu'il faut trouver la voie équilibrée et juste entre les deux, « le pacte de stabilité et le pacte de sécurité », suivant l'expression du président François Hollande.

Le coût du renoncement serait potentiellement très élevé. Il se traduirait immanquablement par un désengagement de certaines missions, faute de moyens. Se résoudre à l'option du désengagement ne se résume pas à la seule décision de quitter un théâtre d'opérations. Se désengager, c'est choisir, en réalité, quelle posture permanente alléger ; c'est décider quel théâtre quitter, alors que les opérations qui y sont conduites contribuent à notre sécurité ; c'est accepter de relâcher notre attention à la protection des Français ; c'est laisser à d'autres le soin d'influer sur les grands équilibres internationaux.

En un mot, ce serait revoir nos ambitions à la baisse, au moment même où de très nombreux pays, y compris certains États déraisonnables, aspirent à faire entendre leur voix dans le concert des nations.

C'est aussi prendre le risque d'une profonde incompréhension chez ceux qui, au quotidien, dans les armées, cherchent, avec constance et volonté, à surmonter les difficultés pour le succès de la mission qui leur a été confiée. Ils le font, parfois au péril de leur vie. Nous pouvons être fiers de qu'ils font et de ce qu'ils sont. Pour reprendre les mots de Clemenceau : « Ils ont des droits sur nous. »

Pour conclure ce chapitre, je ferai trois remarques.

La première est que nous sommes entrés dans des temps difficiles et incertains ; nous sommes entrés dans le temps de la décision et du courage où se jouent ensemble la sécurité et l'avenir du pays. Chaque époque a ses difficultés. L'esprit de défense, « premier fondement de la sécurité nationale », selon les termes du Livre blanc de 2013, nous est nécessaire. Et il ne faudra jamais opposer dans les années à venir la règle des 3 % du PIB pour le déficit public à respecter dans le cadre de l'Union européenne et l'objectif des 2 %

du PIB pour le budget de la défense en 2025 dans le cadre de l'OTAN. Les deux sont importants.

La deuxième remarque est que toute approche strictement financière et comptable est à bannir dans la situation sécuritaire actuelle, sauf à prendre le risque de se faire rattraper par la réalité. On peut toujours vouloir plus de « gains de productivité », mais je l'ai expliqué : les armées se réforment déjà en profondeur depuis des dizaines d'années. Je rappelle qu'à périmètre comparable (hors gendarmerie et hors pensions) le budget de la défense représentait 5,4 % du PIB en 1962, 2,9 % en 1982, 1,6 % en 2002 et 1,4 % aujourd'hui. On peut regretter la situation sécuritaire actuelle ; on ne peut pas la contester. Il faut toujours penser, lorsque l'on prend des décisions, aux risques que l'on fait courir à nos soldats sur le terrain, voire aux Français dans leur existence quotidienne. Il faut valider en permanence pour aujourd'hui et pour demain que la cohérence entre les menaces, les missions et les moyens est suffisante. J'aime beaucoup cette phrase de Thucydide : « Il n'y a pas de bonheur sans liberté et de liberté sans vaillance. »

La troisième remarque est plus sensible, mais je me dois de la faire. L'histoire ne repasse pas les plats, mais la polémologie comporte des constantes, des invariants qui ne peuvent être contestés. La phrase du maréchal de Saxe est encore très actuelle : « Nous autres, militaires, nous sommes comme des manteaux dont on ne se souvient que quand vient la pluie. » Lorsque l'on étudie les grandes défaites militaires françaises, notamment depuis deux siècles, on constate un phénomène classique avec trois paramètres, comme l'a si bien exposé Pierre Servent dans *Le Complexe de l'autruche* (Perrin, 2011).

Le premier facteur est généralement une situation économique difficile qui conduit à rendre des arbitrages sous contrainte et pression sociale. Le deuxième, dans ce contexte, est une myopie politique qui minimise le danger, et réduit d'autant les mesures à prendre pour y faire face. Le troisième est plus connu : l'incapacité des chefs militaires à faire prendre les bonnes décisions à la hauteur des dangers pour la protection du pays, parfois par incompétence, frilosité ou absence de courage. C'est ce que dénonçait en son temps le général de Gaulle, quand il disait que la première qualité d'un chef militaire devait être le caractère. C'est pour cela que depuis des années, je réfléchis au syndrome historique de la guerre de retard, dénoncé par Marc Bloch dans *L'Étrange Défaite*. Cet ouvrage, écrit en 1940, résonne comme une exhortation pressante à conserver « une paix d'avance », par une vigilance redoublée vis-à-vis de tout ce qui mine, petit à petit, les équilibres chèrement acquis. Mon père me racontait que, jeune officier d'active en

1937, il devait simuler les tirs avec des ghaïtas, sorte de flûtes marocaines. On connaît la suite.

Quelles que soient l'époque, chacun doit prendre ses responsabilités. C'est bien cela qui m'a inspiré à chacune de mes interventions publiques. On ne gagne pas une guerre sans effort de guerre. Les cimetières militaires, s'ils pouvaient parler, nous le diraient. C'est du bon sens. On ne peut pas vouloir tout et son contraire. En l'occurrence, jouir de la paix sans préparer la guerre. J'ai bon espoir que ma démission ait pu être utile et qu'elle permettra d'aller dans le bon sens au cours des prochains mois. Je fais confiance à nos autorités pour qu'il en soit ainsi.

Je termine par la devise de mon premier régiment, le 2e régiment de dragons, où j'ai servi entre 1978 et 1982 : « *Da materiam, splendescam.* » « Donne-moi les moyens, et je resplendirai. » Lorsque l'on est général, il ne faut jamais oublier que l'on a été lieutenant !

Chapitre 7
Le partage du fardeau

Dans un monde aussi dangereux et complexe, à l'heure de la globalisation des échanges, des enjeux et des menaces, comment organiser notre sécurité collective en Europe et même à l'échelle planétaire ? Comment partager le fardeau ? La France peut beaucoup, on l'a vu, mais elle ne peut pas tout. Et surtout pas seule. Forte de son déploiement international sur de nombreux théâtres d'opérations, de son ancrage dans l'Union européenne, de sa vocation mondiale, elle bénéficie d'un rayonnement sur la scène internationale qui l'oblige et la conduit à prendre l'initiative dans de nombreux domaines.

En tant que chef d'État-major, j'ai consacré presque un quart de mon temps aux relations internationales militaires. L'enjeu est de parvenir à l'équilibre : équilibre entre ce qui relève de la défense européenne et ce qui relève de la défense de l'Europe ; équilibre entre ce qui est du ressort de la souveraineté des

États et ce qui peut être partagé, équilibre entre ce que font les organisations comme l'Union européenne ou l'OTAN et ce que font les coalitions internationales de circonstance, comme celle pilotée par les Américains au Levant ou celle du G5 Sahel dans la bande sahélo-saharienne.

Pour organiser notre défense collective, sur une base équilibrée et crédible, trois conditions essentielles doivent être réunies.

La première est de définir ensemble la menace. Il y a toujours un risque de divergence d'analyse entre ceux, à l'est, qui sont principalement focalisés sur le retour des États-puissances, et ceux, au sud, qui concentrent leur attention et leurs efforts sur la lutte contre le terrorisme.

La deuxième condition est de savoir de quoi on parle. L'Europe, est-ce l'Union européenne ou l'Europe géographique ? La défense européenne relève-t-elle de l'Union européenne ou exclusivement de l'OTAN ? Les chefs militaires ont besoin de réponses claires à ces questions.

Enfin, la troisième condition est d'afficher ensemble une volonté forte. Dans un monde qui réarme massivement, et où les tensions ne cessent de croître, il est urgent que l'Europe affiche une claire détermination de se réapproprier sa défense, une détermination qui, pour la France comme pour les autres pays, doit se concrétiser en termes budgétaires avec l'objectif de consacrer 2 % du PIB à l'effort de défense. L'Europe a depuis trop longtemps trop désarmé. Elle doit en finir avec l'illusion heureuse de n'avoir à assurer que sa prospérité économique dans un monde de violence et de misère.

La défense de l'Europe

Après l'épisode de la Communauté européenne de défense au mitan des années 1950, on a cessé de parler défense en Europe. Ce n'est plus le cas, et je ne peux que m'en réjouir. Au terme des deux guerres mondiales qui avaient ravagé notre continent, c'est l'objectif d'assurer durablement la paix sur le continent européen qui a fondé la construction européenne. Rapprocher le destin des États pour ne plus voir se déchirer les peuples, cette grande idée, cet idéal, nous a assuré une paix, à l'exception tragique de la guerre yougoslave, que l'Europe n'avait jamais connue. Mais si le rapprochement, notamment réglementaire, monétaire et économique, a éloigné de nos esprits jusqu'à la possibilité même d'une guerre au sein de l'Union européenne, il nous reste à relever le défi d'une défense européenne.

Jean Monnet avait bien raison de dire : « Si j'avais à recommencer, je commencerais par la culture. » On ne meurt pas pour une communauté européenne à vocation économique ni pour une zone euro. Jean-Dominique Giuliani, président de la fondation Robert Schuman, qui, comme moi, ne peut pas être suspecté d'être un antieuropéen, le dit lui-même : « La défense européenne passera d'abord par la défense de l'Europe[1]. » Il ajoute : « Exposer des soldats à une action de force est une décision grave qui ne se partage pas, parce que leur vie est en jeu. » La question d'une défense européenne efficace est particulièrement complexe. Au-delà des discours proclamant la nécessité de refonder une Europe fédérale et en même temps une Europe confédérale, et en même temps supranationale, que pouvons-nous mettre en place concrètement ? Les militaires n'ont pas besoin d'idéologie, mais de pragmatisme. D'ailleurs, nous sommes déjà en opérations aux côtés de nos alliés européens.

Au plus loin, les efforts portent sur la défense de l'avant. Car la sécurité du continent européen commence là où les menaces se concrétisent, à l'est mais aussi au sud. Cela peut surprendre à première vue, mais c'est l'Europe qu'on protège quand on envoie une mission de formation des armées maliennes et centrafricaines (dispositif européen EUTM) ; ou quand

1. Jean-Dominique Giulani, *Pourquoi et comment l'Europe restera le cœur du monde*, Éditions Lignes de repères, 2014.

on lance des opérations aux moyens encore limités, comme Sophia en Méditerranée. Sous l'impulsion de l'Agence européenne de défense, une démarche commune pour coordonner nos progrès en matière d'équipements a été mise en place et donne ses premiers résultats ; mais la route est encore bien longue et le temps presse. Les moyens de transport sont efficacement mutualisés par une banque de transport aérien EATC (European Air Transport Command), dont l'état-major est basé aux Pays-Bas. Il m'est ainsi arrivé plusieurs fois d'utiliser sous très court préavis les services d'un avion allié. En revanche, les *battle groups*, institués par l'Union européenne, ces bataillons généralement nationaux en alerte, susceptibles d'intervenir au titre européen, n'ont jamais été utilisés une seule fois depuis leur création.

L'Union européenne pourrait soutenir financièrement les nations les plus engagées afin de soulager leur fardeau. La création du fonds européen de défense va dans la bonne direction. Et la compétence de Bruxelles est reconnue dans le domaine de l'aide au développement, indissociable de certaines interventions.

Enfin, l'industrie européenne de défense reste à développer. Les rapprochements en cours dans certains domaines entre les grands industriels sont là aussi encourageants.

Ces avancées en matière communautaire, on le voit, sont encore modestes et devront se poursuivre et s'affirmer dans l'avenir. Mais on ne peut ignorer les limites structurelles actuelles à la défense européenne. En 2009, Jean-Dominique Merchet, spécialiste connu et reconnu des sujets de défense, a parfaitement posé ce problème : « Loin d'être le mal dont souffrirait l'Europe, la pluralité et l'indépendance des nations ne seraient-elles pas le gage d'une défense efficace[1] ? »

Avec nos alliés britanniques et allemands

En réalité, j'ai la conviction que l'Europe construira sa défense d'abord en se fondant sur des États puissants. La coopération interétatique, fondée sur la confiance, apporte une contribution essentielle à la défense de l'Europe. La coopération franco-allemande ou franco-britannique en sont de parfaites illustrations. En tant que major général des armées, j'ai été responsable pendant quatre ans du groupe franco-allemand de coopération militaire (GFACM) et de la mise en œuvre du traité de Lancaster House pour la coopération franco-britannique.

1. Jean-Dominique Merchet, *Défense européenne, la grande illusion*, Larousse, 2009.

En 2010, le président Nicolas Sarkozy et le Premier ministre britannique David Cameron ont signé le traité de Lancaster House, un accord de défense comportant plusieurs volets : opération, formation, industrie. J'ai donc porté ce dossier avec mon homologue britannique, Nick Houghton. Une organisation à trois niveaux s'est mise en place : un groupe de travail militaire, un autre réunissant collaborateurs de l'Élysée et de Downing Street, et un troisième entre chefs d'État. Le but était notamment de créer une force conjointe commandée par un état-major mixte, force de circonstance et non permanente, juxtaposée et pas fusionnée. Car les états-majors peuvent fusionner efficacement, pas les troupes. Les trois armées y sont représentées, et les systèmes d'information et de communication ont été rendus compatibles entre eux. Cette force (Combined Joint Expeditionary Force), qui peut comprendre jusqu'à dix mille hommes, n'a pas encore été utilisée en opération, mais elle a été testée en grandeur réelle et avec succès en avril 2016 lors de l'exercice « Griffin Strike ».

Le Brexit, qui porte en lui un risque d'isolement que craignent les Britanniques, n'est pas un frein pour ces efforts communs. Sur le plan opérationnel, sur le terrain, nous sommes aux côtés des Britanniques quasi systématiquement, souvent ensemble dans les actions de feu. Nous collaborons aussi dans le secteur des équipements, notamment pour le futur programme maritime de lutte contre les mines ou l'anti-navire léger.

Ce serait une faute majeure d'opposer les accords de Lancaster House de 2010 à la coopération franco-allemande. On se grandit en unissant, pas en opposant.

Récemment, cette coopération a eu l'occasion de se concrétiser, notamment en Afrique. L'arrivée de soldats allemands supplémentaires au Mali et au Niger est une bonne nouvelle, notamment pour la formation des forces locales, l'aide au transport aérien, la logistique opérationnelle, le Service de santé. Tous ces axes sont des points forts de coopération sur le terrain. De la même façon nous aurions intérêt à pousser la coopération franco-germanique dans le domaine des équipements, en particulier pour l'industrie d'armement terrestre. Le projet de drone stratégique européen à l'horizon 2025 est également un excellent moteur de coopération tirée par le couple franco-allemand, alliant la puissance économique allemande à l'expérience opérationnelle française. C'est bien comme cela qu'il faut envisager les choses, de manière pragmatique, comme les Anglo-Saxons savent le faire !

Dans ce même état d'esprit, je me suis efforcé de multiplier les contacts avec, entre autres, mes homologues britanniques, le général Nick Houghton, puis le général Stuart Peach, et mon homologue allemand, le général Volker Wieker. Ainsi, ensemble, avec ce pragmatisme des hommes du terrain, les différents chefs militaires européens doivent explorer toutes les pistes et les proposer aux autorités politiques afin de consolider un pilier européen de défense.

Encore faut-il prendre soin de ne pas multiplier les structures militaires transnationales. Aujourd'hui les organisations internationales (ONU, OTAN, UE) jouent un rôle essentiel dans les équilibres militaires. Mais elles peinent à s'adapter aux nouvelles donnes de la guerre, notamment la résurgence du fait national et la nécessité de prendre des décisions rapides dans des situations compliquées. La lourdeur de leurs structures devient parfois alors un handicap. De ce point de vue, la multiplication des coalitions régionales laisse circonspect. Il nous faudra faire des choix. Un pays comme la France ne pourra pas durablement payer trois fois : pour son propre budget de défense, pour les organisations internationales et pour les coalitions. Ce sujet est éminemment politique. Il faudra au minimum envisager rapidement une participation accrue des pays européens à nos opérations de sécurisation dans la bande sahélo-saharienne, aux côtés du G5 Sahel, car toute l'Europe en bénéficie. Encore faut-il se mettre d'accord sur la capacité à combattre et pas simplement à faire de l'appui logistique ou de la formation.

L'OTAN

On le sait, l'OTAN (Organisation du traité de l'Atlantique Nord) est née le 4 avril 1949, par la signature du traité de Washington, au début de la guerre froide, pour assurer la défense collective de l'Atlantique Nord face à la menace soviétique, portée par tout le bloc de l'Est. Cette alliance de défense a pour but de sauvegarder la paix et la sécurité et s'est élargie au fil des décennies pour compter aujourd'hui vingt-neuf membres. Elle doit tout d'abord s'accorder pour définir la menace. Lors de chaque réunion des chefs d'état-major de l'OTAN, il a fallu réduire les divergences entre les pays du Sud, axés évidemment sur le terrorisme, et ceux de l'Est, focalisés sur la Russie. La France, aux côtés des États-Unis, a d'ailleurs un rôle important à jouer pour maintenir cette cohésion, grâce à la crédibilité de son engagement opérationnel. Je m'y attachais régulièrement avec mon homologue américain, le général Joe Dunford, avec lequel j'ai toujours travaillé en confiance.

Par ailleurs, la force de réaction rapide de l'OTAN a été créée en 2015 pour rassurer certains pays de l'Est membres de l'Alliance. En outre, les déploiements de troupes se multiplient dans le cadre d'exercices multinationaux. Dans un contexte de suremploi, tout cela mériterait d'ailleurs d'être évalué.

Depuis plusieurs décennies, l'OTAN assure, avec succès, la protection du territoire et des populations européennes. Elle est dotée à cet effet de moyens puissants. Mais elle est sans doute moins adaptée à la nouvelle forme de guerre qui nous est faite par le terrorisme islamiste radical. Héritage de la guerre froide qui opposait les deux blocs superpuissants, il lui faut se repenser pour faire face à cette belligérance déterritorialisée et imprévisible. Certes, la surveillance généralisée que doivent exercer tous les pays face aux risques d'attentats n'est pas de son ressort, mais n'oublions pas que la lutte contre Daech et d'autres mouvements terroristes a un lien avec le retour des États-puissances, distinct mais non disjoint. Il y va aussi de la sécurité des membres de l'Alliance.

L'OTAN, puis la Russie ont mené, chacun au cours des derniers mois, aux confins orientaux de l'Alliance, des exercices militaires interarmées impressionnants. Plusieurs dizaines de milliers d'hommes ont été déployés aux frontières. Chaque exercice est surveillé de près par chaque camp mais, dans un contexte d'extrême tension, il faut bien entendu faire preuve de prudence.

On le voit, il nous faut multiplier les initiatives de coopération internationale tant en utilisant le cadre de l'OTAN qu'en créant les structures *ad hoc* pour répondre aux situations nouvelles qui peuvent surgir. Mais on constate que, face au terrorisme islamiste radical, la notion de souveraineté reprend inéluctablement le dessus, chaque pays étant d'abord soucieux de ses ressortissants. La coopération sécuritaire doit donc se focaliser sur le transfrontalier et mettre en place tous les dispositifs qui permettent de répondre à la mobilité géographique et numérique des terroristes.

L'OTAN est encore nécessaire pour développer l'interopérabilité des procédures et des états-majors, outils indispensables dans les opérations complexes internationales, comme celles que nous avons menées au Kosovo ou en Afghanistan. Dans le contexte budgétaire actuel où chaque pays cherche à maîtriser son financement commun, la modernisation en cours et l'allégement de la bureaucratie otanienne sont bienvenus. Ils se couplent heureusement avec les préconisations prises en 2014 au sommet du pays de Galles de fixer un objectif budgétaire de 2 % du PIB, dont 20 % consacrés aux dépenses d'équipement.

Enfin, je souligne combien l'Alliance doit militairement évaluer avec rigueur, efficacité, mais aussi équilibre, son dispositif de réassurance des pays de l'Est, afin que le remède ne soit pas pire que le mal.

Les tensions, que j'ai soulignées plus haut, entre les pays du Sud et ceux de l'Est étaient tangibles sur ce sujet lors de chaque réunion à Bruxelles ces trois dernières années. J'ai modestement, à ma place, essayé de contribuer à maintenir l'unité de l'Alliance, tout en évitant toute action qui aurait pu être considérée comme une provocation contre la Russie.

L'international, on le sait, demande du temps. Il faut assurer les transitions avec pragmatisme et détermination.

Quand j'étais sous-lieutenant, on m'a appris que « seule l'inaction est infâmante » ; alors agissons ! Telle était ma devise comme chef d'État-major des armées, loin de toutes les idéologies. Les militaires pratiquent cette coopération internationale depuis longtemps et cela fonctionne, mais en respectant les limites d'emploi fixées par chaque pays, ce qu'on appelle en termes techniques les « caveats ».

La voix de la France

On ne commande pas l'armée française sans se maintenir en contact avec le reste du monde. L'intervention de la France est constamment sollicitée sur le plan international. Cette présence tient à notre héritage historique, à notre position de puissance s'appuyant sur une force nucléaire, disposant d'un siège permanent au Conseil de sécurité, mais elle tient aussi à son excellence reconnue dans le domaine militaire. Il ne s'agit pas d'un satisfecit autodécerné, mais d'un fait partout reconnu qui concerne autant l'efficacité combattante de nos troupes que notre capacité à appréhender la dimension humaine de situations toujours plus complexes. Car nos interventions ne se limitent plus à livrer et à gagner des batailles ; elles visent à rétablir la paix dans des terres lointaines avec des populations très différentes, face à des conflits dont les causes nous sont étrangères. C'est alors qu'il faut appréhender les situations sur le plan humain et pas seulement sur le plan stratégique.

Les drames déchirants, parfois inextricables, auxquels j'ai été confronté au Kosovo sont emblématiques de cette complexité. Dès 1999, j'ai décidé de faire tourner les compagnies toutes les trois semaines pour éviter que nos soldats ne prennent fait et cause pour une communauté, serbe, albanaise ou rom, en particulier. En Afrique, j'ai aussi constaté combien les militaires français comprenaient la région dans laquelle ils se trouvaient et adoptaient rapidement le point de vue des habitants qu'ils protégeaient et côtoyaient. C'est une force de notre armée : comprendre les situations, s'y adapter pour mieux les faire évoluer.

Si, avant d'être au sommet des armées, je n'avais pas su ce qu'était un pays, une nation, une culture nationale, je l'aurais découvert avec force. Pas un jour comme chef d'État-major où cette vérité ne m'ait été rappelée. Avant chacun de mes déplacements, je m'imbibais du pays à visiter, son histoire, sa géographie, sa spécificité stratégique. Connaître pour mieux comprendre : cette démarche m'a animé durant toute ma carrière ; cette compréhension des hommes et pas seulement des forces en présence est désormais essentielle dans les relations internationales militaires. Généralement, c'est dans l'avion que, avec mon conseiller diplomatique et mes officiers spécialistes, nous faisions cet exercice, qui tenait plus de la préparation psychologique que de l'acquisition véritable de connaissances. Le monde est fait de nations différentes, qui sont l'incarnation de peuples toujours singuliers, placés sous l'autorité d'États à l'organisation toujours spécifique. Faute d'une attention soutenue à ces particularismes, on risque toujours de blesser ou d'être incompris. Ce qui est vrai des hommes l'est aussi des États qui ne sont jamais les mêmes sous des apparences semblables.

De ces différences, je ne tire qu'un constat pragmatique : on s'affaiblit lorsqu'on ne les prend pas en considération. Une structure supra-étatique ne peut donc fonctionner qu'en respectant les spécificités de ses membres. Ce qui n'a rien de naturel ou de spontané.

Compte tenu de la diversité et du niveau de la menace (intensité, surface, modes d'action, etc.), des conditions d'emploi logistique sur le terrain, aucun pays, pas même les États-Unis, n'a les moyens de faire face seul à toute situation. La coalition apporte donc un indispensable renforcement quantitatif, un avantage qui a un coût sur le plan qualitatif. En effet, la diversité des contingents devient rapidement pénalisante. Chaque État qui envoie des forces dans une coalition reste souverain et, à ce titre, fixe les conditions et les limites de son engagement. Le commandement d'une force internationale peut rapidement tourner au casse-tête.

Je l'ai encore constaté avec l'action internationale de lutte contre Daech au Moyen-Orient. Je coprésidais, à l'École militaire à Paris, avec mon homologue américain, le général Dunford, en janvier 2017 une réunion des chefs d'état-major représentant les treize principaux pays de la Coalition. On retrouvait autour de la table des sensibilités, des approches, des façons de voir et de faire fort différentes. Pour agir efficacement, il était indispensable qu'une véritable communication s'établisse, que l'on s'écoute, que l'on se comprenne. Certes, nous partagions une culture militaire semblable, mais pas identique. Ce n'était qu'une base de départ. Je me suis efforcé d'être le « facilitateur » qui enrichit les échanges et fait émerger les solutions communes. Je me sentais à l'aise dans ce débat, car la culture française est ouverte sur le monde et, en outre, en raison de mon expérience, je connaissais la plupart des intervenants et décodais leurs intentions. Quand le général américain parlait de l'approche transrégionale, la vocation mondiale de la

France permettait d'entrer aisément dans son propos. Mais je comprenais également le rationalisme planificateur de l'Allemand, le pragmatisme britannique et je n'étais pas surpris que l'Australien soit davantage tourné vers la mer de Chine et le Pacifique que vers la Méditerranée.

Le lien transatlantique

Cette dimension mondiale de l'armée française est encore illustrée par la qualité des liens transatlantiques dans le domaine militaire. N'étant ni américanophile, ni américanophobe, je souligne cette efficacité retrouvée. Elle tient tout à la fois aux événements qui nous ont rapprochés les uns des autres et au volontarisme militaire des deux côtés de l'Atlantique. Le froid qu'avait provoqué la non-participation à la seconde guerre d'Irak est désormais oublié. Les Américains savent que notre armée est une des rares au monde capables de se tenir à leurs côtés dans les engagements rapides à forte implication technique. Ils connaissent notre niveau d'interopérabilité avec eux.

Ils l'ont vécu avec notre porte-avions et le groupe aéronaval en Méditerranée orientale. Les systèmes d'information se connectaient, les officiers de liaison coordonnaient les opérations depuis les porte-avions. Nos procédures s'intégraient totalement dans leur banque aérienne. En opération, nos avions restent sous le commandement français jusqu'au tir des bombes inclus, mais s'intègrent dans le commandement piloté par les Américains. Lorsqu'une cible est repérée, l'avion qui se trouve dans la zone la prend en charge quelle que soit sa nationalité.

Les Américains connaissent tout autant l'efficacité de notre armée de terre. Nous étions à leurs côtés en Afghanistan. Nos forces spéciales travaillent en étroite relation avec eux.

Longtemps, notre coopération sur le plan du renseignement fut bridée par la règle des « *five eyes* ». Il s'agit en l'occurrence de cinq pays, les États-Unis, le Canada, le Royaume-Uni, l'Australie et la Nouvelle-Zélande, qui se réservaient l'accès à certaines informations. Fort heureusement, de récents accords ont permis une circulation plus fluide avec les États-Unis.

Faute d'une telle coopération avec les Américains, nous n'aurions pas les moyens disponibles pour mener de façon tout à fait autonome et sur la durée des missions de renseignement, de suivi des cibles ou tout simplement de conduite des opérations. Telle est la réalité. On peut, là encore, la déplorer, mais pas la contester.

N'oublions pas que notre action doit être transrégionale, à l'image du terrorisme que nous combattons, qu'elle doit disposer de réseaux et de forces mobiles transfrontalières, comme l'a souligné le chef d'État-major de l'armée américaine. Faute d'une vision globale du terrorisme au niveau mondial, d'un partage des informations, nos actions manqueront toujours d'efficacité. Parfaite illustration de cette approche transfrontalière, la situation du Sahel avec les cinq pays concernés (Burkina Faso, Mali, Mauritanie, Niger, Tchad), qui a été pour moi une préoccupation permanente. Les groupes terroristes se placent aux abords des frontières qui assurent leur protection. Pour les réduire, il faut exercer un droit de suite à l'intérieur des pays concernés. Une capacité dont, je l'espère, disposera à terme la force conjointe du G5 Sahel qui, présentement, monte en puissance.

Une coopération entre les pays qui passe par une coopération entre les hommes. Je me souviens de ce méchoui traditionnel partagé sous la tente à Madama, aux confins de la frontière Niger-Libye, avec mes deux homologues Seyni Garba (camarade de promotion à Saint-Cyr et ami fidèle) et Brahim Seid Mahamat, dans ce désert infini, la veille de Noël, par 45 degrés. Des relations personnelles nécessaires à l'efficacité d'une coalition.

Un chef d'État-major à travers le monde

Le public n'en est pas toujours conscient, mais la mondialisation est aussi militaire. La France, métropole et outre-mer, trouve naturellement sa place dans cette dimension planétaire. À ce titre, le chef d'État-major des armées mène une vie de globe-trotteur nouant et entretenant des liens avec de très nombreux pays. Mes « carnets de voyages » pourraient à eux seuls occuper tout un livre. Je ne veux ici que survoler, sans prendre le temps d'y faire escale, ces destinations transocéaniques. Elles donnent la mesure de notre présence militaire dans le monde.

Nos relations avec les pays du Golfe et du Proche ou du Moyen-Orient sont étroites et complexes. Seuls des liens personnels avec mes homologues permettent de pénétrer dans cet « Orient compliqué », pris en tenaille par le conflit entre sunnites et chiites.

Me voilà déjà à Canberra aux côtés de mon homologue le général Mark Binskin, déposant une gerbe commune en souvenir de nos engagements passés et actuels. Notre coopération militaire naissante avec l'Australie peut se développer dans de nombreuses directions, la lutte contre le terrorisme, le renseignement, les forces spéciales et l'équipement, notamment au plan naval.

Il y a deux ans déjà, c'est à Pékin que j'atterrissais pour rencontrer mon homologue chinois. L'Armée populaire de libération compte plus de 2 millions d'hommes et de femmes, à comparer à nos deux cent mille militaires français. Ils n'ont pas encore connu la RGPP ! Je me souviens de cette conférence que j'ai prononcée devant un parterre d'officiers et de généraux chinois sur la situation géostratégique mondiale vue de l'armée française. Avec ce pays-continent à l'histoire si riche, nous avons initié des relations militaires qui ne demandent qu'à être approfondies.

À Moscou, en 2015, ma rencontre avec mon homologue russe, le général Valéri Guérassimov, fut très professionnelle. Au-delà du dossier ukrainien, on ne construira pas de paix durable au Levant sans les Russes, qui, par ailleurs, partagent grandement notre préoccupation sur le terrorisme islamiste radical.

Entre le Canada et nous, le Québec ainsi que Saint-Pierre-et-Miquelon tissent des liens extrêmement forts. Je suis très proche du général Jonathan Vance, mon homologue canadien. Nous étions aussi côte à côte en avril 2017 dans le Pas-de-Calais, à Vimy, où se trouve le cimetière militaire canadien.

Nous avons encore noué des relations chaque jour plus resserrées avec les grandes puissances émergentes comme le Brésil, l'Inde et tant d'autres pays. La position de la France dans le monde, le savoir-faire militaire français sont partout appréciés. Où que l'on aille, l'uniforme de notre armée, j'ai pu le constater, assure un accueil intéressé et, bien souvent, sympathique et attachant.

Le soldat bâtisseur

Le militaire s'étend au monde entier, il s'étend aussi à tous les domaines. Le combat proprement dit n'est qu'un aspect de nos interventions. Le succès d'une opération comporte toujours une part non militaire. Cette approche globale exige une coopération interministérielle, une interopérabilité.

Nous devons très souvent faire face à une situation que le citoyen occidental du XXIe siècle ne peut même plus imaginer : la disparition de l'État. Au Kosovo, en Afghanistan, en République centrafricaine, partout où les crises éclatent violemment, j'ai vu ce que signifiait cet effondrement de l'autorité et de l'administration : pas de justice, plus de prisons, pas de gouvernement stable et fiable, pas d'économie organisée, pas de services sanitaires, pas d'écoles, pas de sécurité pour les citoyens, etc. Il faut avoir plongé au cœur de cette misère pour mesurer la chance que nous avons de vivre dans des pays en paix, dans des sociétés organisées. C'est alors que certaines outrances de notre vie sociale peuvent paraître indécentes.

En mettant fin à une situation de chaos, en affaiblissant la puissance matérielle et morale de l'adversaire, l'action militaire ne fait que permettre un rétablissement de la paix. Le retour à la vie normale est bien une autre affaire. C'est pourtant à ce stade que tout peut se gagner ou se perdre.

Se limiter aux succès proprement militaires – détruire un camp d'entraînement djihadiste ou arrêter une colonne de picks-up –, ce serait ignorer les racines d'une violence que nourrit le manque d'éducation, de justice, de développement, d'espoir tout simplement. À titre personnel, lorsque je commandais en Afghanistan, j'ai toujours veillé à coupler les manœuvres militaires avec les aides aux populations. Les gens attendent de la nourriture, le creusement d'un puits, la mise en place d'une école, d'un dispensaire pour soins médicaux, bref les marques d'une gouvernance. Manœuvres militaires et développement doivent être conçus ensemble sur le terrain, en lien avec tous les acteurs militaires, économiques, politiques, humanitaires. L'objectif étant de reconquérir la confiance de la population, clef de la victoire contre le terrorisme. Lorsque celle-ci revenait, la population basculait de notre côté, nous renseignait. Encore fallait-il maintenir ces efforts dans la durée, car, si la présence se relâchait, alors les attaques reprenaient.

Le paix est à construire avec des charrues, des tracteurs, des briques et des échafaudages, pas seulement avec des sentinelles, des patrouilles, des armes et des munitions. Il est à noter que le « soldat bâtisseur » est aussi une tradition dans l'armée française. N'est-ce pas le maréchal Lyautey, encore lui, qui disait : « Tous les officiers savent s'emparer d'un village à l'aube ; moi, je veux des officiers qui sachent s'emparer d'un village à l'aube et y ouvrir le marché à midi » ?

Le militaire à lui seul ne peut prendre en charge ce retour à la vie normale. Comme chef d'État-major des armées, j'ai toujours insisté pour que l'effort de défense soit accompagné par un effort en matière de développement. J'ai été frappé par une conversation que j'ai eue avec Bill Gates, de passage par Paris en avril 2017, à ce propos. Sa fondation soutient mille quatre cents programmes dans plus de cent trente pays et est dotée d'un budget annuel de 4 milliards de dollars. Conjoindre nos efforts de sécurisation de la bande sahélo-saharienne avec ses actions pour développer la région pourrait sans doute accélérer le retour aujourd'hui incertain de la paix dans ces pays, et l'opération Barkhane pourrait en bénéficier, afin que l'intervention de nos troupes fasse renaître la confiance au sein des populations.

Pas de sécurité sans développement

Dans cet esprit, le ministère de la Défense s'est rapproché ces dernières années des autres ministères, à commencer par le Quai d'Orsay. Diplomates et militaires partagent le même souci du développement. Nous avons signé en juin 2016 un accord de partenariat avec Rémy Rioux, directeur de l'Agence française de développement, qui permet notamment d'intervenir en amont des crises sur le plan économique et social sans attendre de se retrouver sur le champ de ruines laissé par les combats. Au passage, il me paraîtrait totalement incohérent de diminuer en 2018 les ressources budgétaires pour l'aide publique au développement, au moment où, précisément, il faudrait faire l'inverse et se diriger vers les 0,7 % du PIB.

Fort de mes quatre années à Matignon, je pense que la France pourrait développer davantage la coopération interministérielle pour la gestion globale des crises qui permet le rétablissement d'une paix durable. La reconstruction d'un pays, la réorganisation des forces de défense et de sécurité, la santé publique, passent par des aides d'autant plus efficaces qu'elles sont organisées au plan national et non pas partielles ou ponctuelles. Il n'est pas inepte d'imaginer des « *task forces* » interministérielles dûment préparées, capables d'une grande réactivité lorsque la pression des événements l'exige. La question est humanitaire, c'est vrai ; elle est aussi économique. Après l'armée qui rétablit l'ordre et la sécurité doivent venir les entreprises qui apportent leur savoir-faire et qui, disons-le, remportent des marchés. Or j'ai observé que, si l'armée française est envoyée en première ligne, les forces économiques suivent plus difficilement. Les entreprises étrangères sont souvent plus soutenues par leur gouvernement que les entreprises françaises. Les premières s'emparent des marchés, bénéficient des débouchés économiques et, lorsque les secondes se présentent sur place, souvent en retard, les places sont prises, la reconstruction et le développement sont laissés à nos concurrents. J'ai éprouvé parfois le sentiment que les Français font la guerre et que d'autres pays touchent les dividendes de la paix.

Le partage international du fardeau est indispensable militairement, technologiquement, financièrement et stratégiquement. Il n'est pas une fin en soi. Il doit permettre d'être plus fort et à moindre coût financier. Il n'est nullement incompatible avec une France souveraine, rayonnante et forte.

Chapitre 8

La France est grande

« L'épée est l'axe du monde et la grandeur ne se divise pas », écrivait le général de Gaulle dans *Vers l'armée de métier*. Oui, la grandeur ne se divise pas. La France est grande, certes par sa démographie, son économie, son agriculture, son industrie, ses armées, mais surtout par cette « idée » que de Gaulle et que le monde entier s'en font, cette « idée » qui la singularise. Cette place à part dans le concert des nations est inscrite dans son histoire, sa géographie, sa langue, sa culture, et c'est parfois à l'étranger qu'on la mesure le mieux. La France est un des rares pays qui parlent au monde entier. Nous sommes héritiers de cette grandeur qui exalte les uns, irrite les autres et que, pour sa part, l'armée française doit assumer.

En matière de défense, notre niveau d'engagement fait de nous la locomotive de l'Europe. À l'OTAN ou à l'Union européenne, j'ai pu mesurer le niveau de confiance exceptionnel, notamment sur le plan opérationnel, dont jouit notre armée auprès des vingt-sept autres pays membres. J'ai eu le sentiment d'être une sorte de pont entre mes collègues chefs d'état-major.

Comme souvent dans notre histoire, la France peut devenir son propre ennemi lorsqu'elle se laisse envahir par le doute qui, souvent, annonce la défaite. C'est un vieux principe stratégique : celui qui doute perd. Notre pays est encore victime de ses divisions qui vont au-delà des oppositions dans la nature même de la démocratie. Sur ce plan, le spectacle de ces dernières années est édifiant. Comment peut-on continuer à se déchirer ainsi, quand notre pays se trouve dans une telle situation de vulnérabilité sécuritaire, sociale et économique ?

On entend souvent dire que le génie est proche de la folie. Parfois, la société française donne cette impression d'un « bateau ivre », sans boussole, capable du meilleur comme du pire. À la veille de mai 1968 la France ne passait-elle pas pour l'un des pays les plus solides au monde ? Et voilà qu'en quelques jours elle peut sombrer dans une confusion totale. Notre société est imprévisible, brillante et fragile tout à la fois. Heureusement, elle a prouvé tout au long des siècles une force de résilience hors du commun, une capacité à s'unir, à se réunir dans la difficulté.

Sur le plan militaire, la grandeur de la France s'est incarnée à de multiples reprises dans notre histoire, et ces pages glorieuses ne sauraient être oubliées par les exercices de repentance, de culpabilisation et d'excuses dont on nous abreuve parfois.

La vocation géostratégique de la France repose sur deux acquis que l'on doit à la vision du général de Gaulle : notre dissuasion nucléaire, qui fonde notre indépendance nationale, et notre place de membre permanent au Conseil de sécurité de l'ONU. Cela nous donne *de facto* une responsabilité dans la gestion des affaires du monde et, en tant que chef d'État-major, je l'ai ressentie au quotidien.

La souveraineté est l'attribut essentiel d'une nation, véritable communauté humaine, issue d'une patrie – la terre des pères ; elle s'exprime, avant tout, à travers l'autonomie de décision et d'action de l'État qui ne provoque pas un syndrome isolationniste conduisant au renfermement sur soi, mais, au contraire, à un engagement affirmé dans la marche du monde.

Un État qui ne prendrait pas toutes les mesures pour garantir et protéger sa souveraineté face aux menaces s'exposerait inévitablement à perdre la maîtrise de son destin et à subir la volonté – possiblement violente – de l'étranger. La finalité même des armées réside donc dans la protection de la France, de son autonomie de décision et d'action ; en un mot de sa souveraineté.

Dans un contexte sécuritaire qui se durcit et un environnement stratégique qui se complexifie, cette responsabilité des armées représente un véritable défi. Elle ne peut s'exercer, on l'a vu, que s'il existe une vraie cohérence entre les menaces, les missions et les moyens. C'est d'ailleurs là tout l'enjeu des décisions qui devront être prises dans les mois qui viennent.

La souveraineté repose sur deux fondements : l'indépendance nationale et l'autonomie stratégique. Ce sont elles qui permettent à la France de peser sur un environnement extérieur dont elle ne peut – ni ne veut – s'isoler.

L'indépendance nationale et l'autonomie stratégique

La dissuasion est l'« ultime garantie » de la souveraineté nationale. Elle écarte toute menace de chantage susceptible de paralyser notre liberté de décision et d'action.

Notre dissuasion est globale ; elle s'articule autour de deux composantes nucléaires, aérienne et océanique, et d'une multiplicité de capacités conventionnelles. Face aux détenteurs de l'arme nucléaire, présents et, plus encore, à venir, la dissuasion nucléaire reste l'assurance vie de la nation.

Pour essentielle qu'elle soit, cette dissuasion nucléaire ne saurait nous protéger de toutes les menaces et notamment nous prémunir contre les attaques terroristes. Il faudra observer de près les évolutions du terrorisme : la tentative de fonder un État menée par Daech au Levant est en train d'échouer. Mais qu'en sera-t-il à l'avenir ? Les terroristes parviendront-ils à leurs fins en instaurant un véritable État ? Si c'était un jour le cas, il faudrait alors réfléchir aux modalités du dialogue dissuasif dans une telle hypothèse.

Pour l'heure, nos ennemis ont perçu qu'il existe dans notre défense une place pour des agressions dont l'enjeu se révélerait trop faible pour justifier l'utilisation de la force nucléaire dans une logique du tout ou rien. C'est pourquoi notre souveraineté militaire se fonde également sur l'autonomie stratégique. Grâce à elle, la France peut décider seule et rapidement de la réponse à une menace spécifique.

Cette autonomie n'est effective que si elle s'appuie sur un modèle d'armée complet, capable d'agir à 360 degrés et organisé, pour cela, autour de l'équilibre entre les cinq fonctions stratégiques : dissuasion ; intervention ; prévention ; protection ; connaissance et anticipation. Cela suppose de conserver une capacité d'entrer en premier dans un territoire, une aptitude au commandement dans la durée et une interopérabilité avec les alliés.

En effet, pour garantir l'autonomie stratégique du pays, nos armées doivent s'appuyer sur une coopération militaire effective. Le modèle d'armée que je défends ne peut exister sans elle. Le paradoxe n'est qu'apparent. Tout l'enjeu consiste à trouver le juste équilibre entre ce qui est du ressort strict de la souveraineté des États et ce qui peut être partagé. C'est en s'appuyant sur des structures interministérielles et internationales toujours plus intégrées et interopérables, que nous pourrons peser sur l'élaboration des décisions communes.

Une France qui rayonne

« France, mère des arts, des armes et des lois. » Joachim du Bellay avait tout compris dès le XVIe siècle. La France rayonne par sa culture, disons-le pour son génie, et, en tout premier lieu, par sa langue. Durant ma carrière militaire, j'ai toujours essayé de valoriser le français. Bien sûr, tout responsable se doit de pratiquer les langues étrangères et en particulier l'anglais. Mais comment supporter de voir des Français se parler entre eux en anglais, sans se rendre compte du ridicule de la situation ? Combien de temps va-t-on se laisser imposer dans les organisations internationales la suppression du français, alors que c'est, par exemple, la deuxième langue officielle de l'OTAN ? Dans ce combat pour le français, nous ne sommes pas seuls. De nombreux pays sont ravis de voir notre langue résister à l'impérialisme de l'anglais.

Nous ne devons pas être les rentiers de notre culture, mais la faire vivre et en exalter la richesse dans toutes ses disciplines. La gastronomie, pour ne prendre que cet exemple, fait partie intégrante de notre héritage. Laurent Fabius, lorsqu'il était ministre des Affaires étrangères, a eu raison de faire en sorte que nos ambassades soient les vitrines exemplaires de la cuisine française. La grandeur de la France n'est pas un acquis sur lequel les Français pourraient se reposer. Grandeur oblige, c'est le pays tout entier qui doit être à la mesure d'un tel destin.

Comment la France peut-elle affirmer sa souveraineté avec une dette qui atteint 100 % du PIB, avec un chômage qui reste obstinément à 10 % ? Dans *La France au défi* (Fayard, 2014), Hubert Védrine rappelle cette formule de Pierre Mendès France : « Les comptes en désordre sont la marque des peuples qui s'abandonnent. » Certes, l'économie doit rester au service de l'Homme, le monde de la finance ne doit pas prospérer au détriment de l'État jusqu'à compromettre les fonctions régaliennes. Mais je suis convaincu, et je le répète, que la souveraineté économique ne s'oppose pas à la souveraineté de défense, bien au contraire.

Un commandement efficace

Assurer la souveraineté du pays, ce n'est pas seulement disposer d'une armée puissante, c'est aussi se doter d'une structure de commandement efficace. Les défaites que nous avons connues dans notre histoire tenaient moins à l'insuffisance de nos forces qu'à l'incapacité, aux erreurs du pouvoir politique, et de l'État-major. Il faut donc veiller tout autant à la qualité des moyens dont nous disposons qu'à l'efficacité de leur mise en œuvre. Dans l'art de la guerre, il est essentiel de prendre les bonnes décisions au bon moment et d'en assurer la parfaite exécution.

Sur ce point, notre organisation de défense pour la décision et la conduite des opérations est, aux dires de mes anciens homologues, la plus efficace au monde. Elle confère au président de la République, chef des armées, l'initiative de l'action tout en pratiquant la subsidiarité du haut en bas de la chaîne de commandement.

Le président de la République est le chef des armées et le responsable du feu nucléaire, et le CEMA est responsable de la planification et de la mise en œuvre des décisions prises par le chef de l'État. Ce lien direct se concrétise physiquement dans le poste de commandement Jupiter, situé dans les sous-sols du palais de l'Élysée. On accède à cette salle par un dédale d'escaliers et de couloirs, jalonnés par des gardes républicains. C'est peu après ma prise de fonctions comme CEMA que j'ai découvert cette salle exiguë et hautement sécurisée depuis laquelle le chef de l'État peut être en contact notamment avec le poste de commandement de la défense, les centres de commandement militaire. C'est là que le CEMA briefe le chef de l'État, mais aussi chaque nouveau Premier ministre dans les semaines qui suivent son entrée à Matignon, sur la dissuasion nucléaire.

Chaque semaine, depuis le 15 juillet 2016, se tient à l'Élysée un Conseil restreint de défense et de sécurité. Cette réunion est présidée par le chef de l'État, en présence de ses collaborateurs proches (secrétaire général, chef d'état-major particulier et conseiller diplomatique). Elle regroupe le Premier ministre, le ministre de l'Intérieur, le ministre des Armées, le garde des Sceaux, le directeur général de la sécurité intérieure (DGSI), son équivalent pour les services extérieurs (DGSE) et le chef d'État-major des armées. Ainsi, la prise de décision peut être instantanée et sa mise en œuvre n'est pas moins rapide.

Dès la fin de la réunion à l'Élysée, je réunissais à Balard mes subordonnés, et les ordres étaient directement transmis par le général commandant le Centre de planification et de conduite des opérations au théâtre d'engagement. Ainsi, quand le président Hollande a décidé des premiers survols de la Syrie par les avions de chasse français, sitôt sorti de l'Élysée, j'ai répercuté cet ordre et, moins de quinze minutes plus tard, les avions déjà au-dessus de l'Irak survolaient le territoire syrien. Une rapidité essentielle pour la réussite des missions, face à un ennemi de plus en plus fugace et mobile. Ce système, dont l'efficacité est reconnue par nos alliés, explique pour une bonne part l'efficacité de nos interventions militaires.

Le contrôle parlementaire, essentiel en démocratie, s'exerce suivant les dispositions de l'article 35 de la Constitution. « Le gouvernement informe le Parlement de sa décision de faire intervenir les forces armées, au plus tard trois jours après le début de l'intervention. Il précise les objectifs poursuivis. Cette information peut donner lieu à un débat qui n'est suivi d'aucun vote. Lorsque la durée de l'intervention excède quatre mois, le gouvernement soumet sa prolongation à l'autorisation du Parlement. » Cette procédure, tout à fait exceptionnelle dans les pays européens, assure la plus grande réactivité en ne soumettant pas la décision initiale à une longue discussion parlementaire.

Par ailleurs, le regroupement, sur le site de Balard, de l'ensemble des états-majors des armées, des directions et des services, à l'été 2015, a encore accru notre synergie et notre efficacité. Nombre de mes anciens homologues rêveraient de disposer, comme le CEMA français, de la totalité de leurs subordonnés immédiats autour d'eux sur un même site. Là encore, ce système est rarissime dans le monde.

Le génie français

Sur le terrain, l'esprit français, mélange d'imagination et de créativité, se constate chaque jour à tous les échelons. Nos soldats n'imposent pas leur vision des choses, leur mode vie, leur culture, mais épousent celle du pays dans lequel ils cherchent à ramener la paix. Les Américains, assez admiratifs, parlent de la « *French touch* ».

Autre facteur de souplesse : la grande liberté d'action laissée aux plus petits échelons de commandement. La marge d'initiative fait partie des principes de commandement dans les armées françaises, qui compensent ainsi souvent leur manque de moyens. L'obéissance n'est pas celle de l'exécutant robotisé mais du professionnel responsable de sa mission. Le programme Sentinelle a mis en évidence l'efficacité de ce commandement par l'autonomie et la confiance. Dans l'armée de terre, le trinôme, composé d'un caporal et de deux militaires du rang, constitue l'échelon de base. Lors de la patrouille, le caporal doit réagir en temps réel ; il est parfois, dans l'urgence, seul à décider d'ouvrir le feu ou pas. Imaginons la difficulté de prendre une telle décision lorsqu'on se trouve au Carrousel du Louvre, à la gare Saint-Charles de Marseille ou sur le parvis de Notre-Dame, et que l'attaque survient au milieu de la foule.

Dans l'armée de l'air, on pense naturellement au pilote et à sa responsabilité directe. Mais en réalité, c'est toute une chaîne qui pousse derrière l'avion en vol. Imaginez la responsabilité du mécanicien ou du munitionnaire, si l'opération prescrite a été mal effectuée. J'ai ressenti cela très fortement sur chaque théâtre d'opérations où je suis allé visiter nos aviateurs.

Et que dire du marin à son poste unique dans un sous-marin d'attaque, qui tient dans ses mains le succès ou l'échec de la mission avec les conséquences que l'on imagine pour les quarante hommes d'équipage ?

Autonomie, mais responsabilité. Chacun par son action est indispensable aux autres. Si l'un faillit tout le monde en souffre, et, dans des conditions pareilles, le résultat peut être dramatique. Cette responsabilisation des hommes et des femmes de la défense est une force, un atout décisif en opération. Ce pari sur l'initiative individuelle, cette répartition des responsabilités sont des spécificités de l'armée française qui génèrent plus de souplesse et d'efficacité dans l'exécution.

Le patrimoine vivant

Une armée se doit d'être à l'image de la nation, d'en épouser l'esprit, d'en pratiquer les valeurs. C'est à cette condition seulement que la population se reconnaît en elle. Je me suis toujours efforcé de maintenir cette unité. Car la France ne se réduit pas à une idée, si glorieuse soit-elle ; elle ne s'enferme pas dans un espace géographique et pas même dans un corpus de valeurs. La France est, avant tout, un patrimoine vivant. Elle est ce qu'elle fait, ce qu'elle ne cesse de devenir.

La nature l'a faite belle et l'histoire l'a faite grande. Chaque Français est dépositaire de cette richesse, mais aucun n'en est propriétaire. Ne tirons, donc, aucune gloire personnelle de son rayonnement ; à l'inverse, ne nourrissons pas, non plus, de complexes pour ses difficultés ou ses faiblesses. Appliquons-nous, en revanche, à explorer, sans relâche, les replis intimes de son âme, ses forces comme ses failles, pour préparer son avenir.

Cette exploration fera découvrir un aspect bien singulier de la France. D'un côté, certains de ses instincts – telles la soif de liberté ou l'ouverture aux autres pays – se retrouvent à toutes les étapes de sa construction, brossant le portrait d'une figure inaltérable et universelle, de la patrie des droits de l'homme. D'un autre côté, ses contradictions, ses sautes d'humeur et son génie créatif en font une réalité inattendue et changeante, qui ne peut se laisser enfermer dans une classification étriquée. Il y a là les deux faces d'une même médaille, qui toutes deux doivent être aimées.

La France est un acte d'amour. En ces temps – qui ne sont pas les premiers – où elle est attaquée, elle demande et mérite plus que jamais une attention fidèle et un engagement plein et entier.

Pour les militaires, cette exigence trouve son ultime aboutissement dans ce magnifique poème de Charles Péguy : « Heureux ceux qui sont morts pour la terre charnelle / Mais pourvu que ce fût dans une juste guerre. » Je me souviens de ces cérémonies aux Invalides, au cours desquelles les militaires morts au combat furent honorés en présence de leurs familles. Je suis frappé et impressionné par la dignité des familles. Chaque cas est unique, mais il y a un point commun : la solidité des proches des défunts, père, mère, épouse, frère, sœur. Unis par la grandeur de la France.

Chapitre 9

Servir

« Toute autorité est un service. » Cette phrase m'a guidé jusqu'au dernier jour de ma carrière militaire. Car c'est par fidélité à mon exigence de servir mon pays que j'en suis venu à prendre cette ultime décision. Le 19 juillet, vers 17 h 45, je quitte donc mon bureau pour la dernière fois, entouré de mes collaborateurs les plus proches. Je prends l'ascenseur depuis le cinquième étage, comme à l'accoutumée ; mon épouse, invitée pour l'occasion à un pot de départ amical avec mes principaux subordonnés, se tient à mes côtés.

À peine sorti, je me prépare mécaniquement à traverser le hall de Balard pour monter dans la voiture généralement garée devant l'entrée. À cet instant, face à moi, je vois l'étendard du 501e régiment de chars de combat, le régiment que j'ai eu l'honneur de commander il y a vingt ans. Sans même regarder autour ni imaginer le reste, je me dirige vers lui pour le saluer au garde-à-vous une dernière fois. J'étais convaincu que je ne pourrais pas faire ce geste symbolique puisque ma démission prenait effet immédiatement et que je n'aurais pas le temps d'aller à Mourmelon-le-Grand. En effet, la tradition veut que, avant de quitter le service actif, nous saluions l'emblème de la formation que nous avons commandée. Une vive émotion m'envahit brutalement quand je reconnais le chef de corps, entouré de certains de ses cadres, ainsi que du président des militaires du rang, que j'ai bien connu entre 1998 et 2000. Ensemble, nous sommes allés au Kosovo, et il m'a connu jeune colonel. Ce soldat à la valeur humaine éprouvée et à la générosité sans limite tenait par sa présence à témoigner son attachement à son ancien chef.

En levant la tête, je découvre une foule, des centaines de personnes, serrées sur plusieurs rangs et sur plus de cent mètres, me faisant une haie d'honneur, applaudissant à tout rompre. Le bruit des acclamations résonne dans le hall d'entrée de Balard, comme dans un stade. Je progresse lentement, mes yeux passent de visage en visage, croisant tel ou tel regard au hasard de mon chemin. Je ressens à la fois une grande joie et une profonde tristesse. Me saisit bien sûr l'émotion de quitter ces personnes, si nombreuses, que j'ai tant aimées. Mais aussi la joie de se savoir estimé et la tristesse de se rendre compte que tout s'arrête brutalement, alors que j'aurais tant souhaité prendre le temps de préparer mon départ. Après mon rendez-vous du matin à l'Élysée, je suis saisi par ce même sentiment de gâchis. Je lis dans les regards la déception, la colère parfois, l'incompréhension, mais aussi la fierté retrouvée d'un chef qui est allé au bout de ses convictions.

J'atteins le portail de sortie, gardé par les gendarmes de l'air, mes « anges gardiens » du quotidien, qui, eux aussi, m'applaudissent et me remercient. Incapable de dire un mot, gagné par l'émotion, je monte dans ma voiture et file vers l'École militaire. Les larmes dans les yeux, je regarde mon épouse, assise à côté de moi. « J'entendrai des regards que vous croirez muets. »

À l'École militaire, là encore, une haie d'honneur m'attendait, plus d'une centaine de personnes étaient venues me rendre hommage. Une attention qui m'est allée droit au cœur. Tout le personnel était descendu me saluer : jeunes, anciens, femmes, hommes, généraux, officiers, sous-officiers, militaires du rang, personnels civils, réservistes, militaires des trois armées, directions et services, gendarmes, ils étaient tous là et incarnaient dans leur diversité le souci de cohésion qui fut le mien au cours de mes quarante-trois années de vie militaire.

Ce départ fut vécu comme un événement. Pourtant il ne fut en rien mis en scène. Le personnel a spontanément manifesté ce qu'il ressentait. Les soldats ne sauraient être les acteurs d'une mauvaise comédie.

L'armée n'est pas une institution comme les autres ; sans doute n'est-elle pas suffisamment connue des jeunes générations. Nous ne calculons pas nos effets ; peut-être parfois ne sommes-nous d'ailleurs pas assez calculateurs !

Un état d'esprit

Cette scène illustre ce que sont les femmes et les hommes de la défense : ils partagent un état d'esprit reposant sur un sens du service développé individuellement et collectivement. On ne laisse pas partir son chef comme un démissionnaire s'éclipsant en catimini. On l'accompagne jusqu'à la sortie et on respecte sa décision avec honneur et fidélité. Loin de moi l'idée de dire que tous ceux et celles qui portent l'uniforme militaire sont parfaits. Loin de moi l'idée de donner une quelconque leçon à quiconque. Je ne souhaite qu'expliquer et faire comprendre à nos concitoyens qui nous sommes. Il y a dans notre société des traditions estimables, des événements mémorables, des instants de grâce, mais aussi le mensonge, la trahison, la cupidité. À chacun de faire son choix. Dans l'armée, une volonté de maîtrise des comportements met en avant la confiance, la cohésion, la solidarité, la loyauté.

Cet état d'esprit exige considération et respect, surtout lorsqu'un devoir de réserve censure l'expression des uns sans interdire les critiques des autres. En charge d'une armée engagée fortement en opérations, dont certaines à haut risque, pressurée par des réformes incessantes et des restructurations multiples ces dernières années, j'ai estimé de mon devoir de souligner à la représentation parlementaire combien il est urgent d'apporter des solutions aux difficultés quotidiennes. Le dévouement a ses limites et, comme me le disait quelques semaines avant mon départ une épouse de sous-officier, reprenant une phrase de Pierre Dac : « Quand les bornes sont franchies, il n'y a plus de limites. »

Les militaires français n'ont pas de syndicat. Ils ne peuvent se constituer en contre-pouvoir. Seul le chef se trouve en position de faire remonter à sa hiérarchie les difficultés et les demandes légitimes. C'est ce que j'ai toujours fait avec le président de la République lors de mes rendez-vous réguliers pendant plus de trois ans et demi. Je l'ai souvent affirmé devant la représentation parlementaire. Si je ne dis pas la vérité au pouvoir politique, je ne me sens plus capable de regarder les troupes les yeux dans les yeux. J'ai compris d'ailleurs que c'est ce que souhaitent les députés et sénateurs.

En réalité, le monde de la défense est un vivier de gens de valeur – au singulier et au pluriel. Les valeurs créent de la valeur. Au singulier, car le principe fondamental qui régit notre institution n'est ni la naissance ni la fortune, mais la reconnaissance des mérites. On peut aujourd'hui démarrer militaire du rang, jeune engagé et terminer général quarante ans plus tard. Chaque année, en tant que président des conseils supérieurs d'armée, chargés de proposer au ministre de la Défense les nominations de généraux, nous avons sélectionné, avec les trois chefs d'État-major, des officiers qui se sont engagés militaires du rang. L'armée est probablement une des dernières institutions qui ont conservé l'ascension sociale dans leur ADN. Plus de la moitié des sous-officiers ou officiers mariniers en sont issus, provenant de ce que l'on appelle, dans le jargon militaire, les semi-directs.

Sous les drapeaux

L'armée a su garder cette notion de récompense et de punition, qui repose sur « le respect des règlements militaires, l'observation des lois pour le succès des armes de la France ». Cette formule est déclamée sur le front des troupes lors des passations de commandement. Ce n'est pas pour rien. Les armées doivent être créatrices de valeurs afin de permettre à chacun d'y trouver sa vocation, son épanouissement, la valorisation de ses talents. Un souci qui conduit à développer l'entraide et la solidarité vis-à-vis des plus faibles afin de maintenir la cohésion. Cela explique pourquoi la jeunesse de France entre dans les armées chaque année massivement, à hauteur de vingt-cinq mille par an.

Pourtant, les moyens des armées françaises ne pourront jamais se comparer à ceux de l'armée américaine. Les militaires français le savent. Oui, on le sait et on fait avec. On se débrouille. On se démerde ! C'est pour cela que le commandement doit apprécier à sa juste valeur cette insuffisance de moyens, avant qu'elle ne devienne une paupérisation rampante. Il en va du moral des troupes, facteur essentiel pour la victoire au combat.

Toute communauté possède ses valeurs de référence. Dans les entreprises, on met volontiers en exergue la créativité, l'ambition, le pragmatisme, l'efficacité et le travail ; dans l'armée, l'essentiel se concentre sur la discipline, la rigueur, la fraternité, le courage, l'humanité, l'engagement, le sens du service. Autant de valeurs incarnées par des symboles.

Pour les jeunes recrues, quelques semaines après leur incorporation, la présentation au drapeau marque leur véritable entrée dans la communauté militaire. Ce simple morceau d'étoffe qui défile devant ces jeunes soldats est l'emblème de la patrie et des valeurs militaires ; à ce titre, il devient un signe de ralliement. On dit des militaires qu'ils servent « sous les drapeaux ». L'image est belle et elle est juste.

Tous les regards convergent vers le drapeau ; dans la furieuse mêlée des combats jadis et aujourd'hui, lorsqu'on hisse les couleurs en haut du mât. Le drapeau n'est la propriété de personne. Il incarne la France dans son ensemble : honneur et patrie. Chacun le ressent ainsi dans les grandes compétitions sportives, lorsqu'on joue l'hymne national avant le match, lorsque le drapeau tricolore salue une victoire. Il se crée alors une communion, trop rare à mon avis et, pour moi, toujours exaltante.

Lorsque, accompagnant le président de la République, je passais les troupes en revue sur les Champs-Élysées le 14 juillet 2017, je me doutais que ce serait peut-être la dernière fois. C'est avec une émotion particulière, un respect mêlé de reconnaissance que j'ai salué les trois armées, tant le commandement que la troupe. Je ressentais alors cette cohésion de notre famille militaire qui me saisirait aux tripes le 19 juillet en fin d'après-midi en quittant Balard. Les militaires de tous les grades et de tous les statuts, ensemble autour de leur chef, sans distinction de fonction, tous unis. L'armée offrait alors une belle image d'unité à une société française fragilisée par ses multiples fractures et ses incessantes querelles. Pas besoin, après cet élan des cœurs, d'adieux aux armes formels aux Invalides. Le fond compte plus que la forme.

Parmi cette foule, de nombreux civils de la défense, appartenant notamment à la Direction générale de l'armement et au secrétariat général pour l'administration, sont venus, eux aussi à titre personnel, me dire au revoir. Leur geste m'a profondément touché. Sans eux, nos armées ne pourraient pas faire ce qu'elles font. Ils assurent la compétence et la stabilité à l'arrière des opérations. Combien de fois dans mes visites sur le terrain, dans les forces, le soutien ou les états-majors, j'ai pu mesurer le remarquable état d'esprit qui anime ces personnels au statut différent et à la disponibilité pourtant largement supérieure à ce qu'exige la loi.

La recherche d'unité

À Balard, il y avait aussi ce jour-là des réservistes, et ils savent combien je suis attaché à leur présence. Ils incarnent la vitalité du lien entre les armées et la nation. La création de la garde nationale en 2016 participe de cette volonté d'accroître le nombre de réservistes opérationnels, véritables professionnels à temps partiel. Cette réforme était nécessaire. Elle mérite absolument d'être conduite à son terme. Il faudra trouver là aussi les ressources budgétaires. Sans les réservistes, par exemple, nous ne pourrions pas fonctionner au centre de planification et de conduite des opérations ; sans les réservistes, comme on l'a vu à Orly, à Marseille et ailleurs, on ne pourrait pas remplir la mission. Je n'oublie pas évidemment les réservistes citoyens, qui apportent bénévolement leur concours à la défense, mettant à la disposition des armées leurs compétences et leur expertise.

Notre aumônerie militaire, catholique, protestante, juive ou musulmane, que je tiens à mentionner, donne un exemple permanent de ce « vivre ensemble » si difficile à trouver dans la France d'aujourd'hui. Dans le contexte des attentats terroristes, ce dialogue interreligieux est fondamental, si l'on veut préserver notre cohérence sociale et notre cohésion nationale. L'émotion terrible de l'événement ne doit pas, comme le souhaitent nos ennemis, dresser les familles spirituelles les unes contre les autres. Leur nécessaire coexistence est possible. Elle se vit au quotidien dans les armées où les quatre confessions voisinent en bonne intelligence en opérations et en garnison, dépassant leurs différences au profit du bien commun.

Je me souviens de cette journée de l'aumônier que j'ai souhaité organiser l'année dernière. Tous ceux qui pouvaient venir l'ont fait, et dans l'amphi Des Vallières à l'École militaire se tenaient côte à côte l'aumônier de confession juive et le musulman, le catholique et le protestant. Je revois dans la résidence du CEMA les aumôniers discuter ensemble lors d'un pot de l'amitié, signe vivant d'espérance pour nos armées et surtout pour notre pays. J'ajoute que, loin de France, la veille d'une opération dont on connaît les risques, on réfléchit au sens à donner à son action, à son existence. Il est alors important que chaque soldat, quelle que soit sa conviction, puisse trouver une réponse aux questions qu'il se pose dans sa recherche de transcendance ou tout simplement dans sa réflexion sur le sens donné à la vie et à la mort.

Car l'armée exige un engagement total, à la fois individuel et collectif, qui conduit, on ne peut jamais l'oublier, à risquer dans le combat sa propre vie comme celle de l'ennemi. Tel est le point ultime d'une mission particulièrement dévorante pour l'individu. La carrière militaire n'est pas un métier comme un autre, une profession que l'on exerce « aux heures du bureau ». Elle saisit toute l'existence. C'est à ce prix que l'on devient un soldat au service de la France. Car c'est bien cette notion de service qui est au cœur de l'institution militaire, qui lui donne sa cohésion, qui dicte la condition de tous ceux et de toutes celles qui portent l'uniforme. Elle s'est imposée à moi comme titre de ma réflexion.

Au service de la France

Affirmer haut et fort la volonté de servir comme principe premier de l'armée française pourrait sembler arrogant. Les militaires seraient-ils les seuls à servir leur pays ? Certainement pas. Leur spécificité n'est pas une exclusivité. Une république appelle au service de la communauté.

Ce primat du collectif sur l'individuel, on le retrouve sous la Révolution lorsque naît la notion moderne de nation. Les chants révolutionnaires rappellent aux Français qu'ils doivent défendre la France et, au besoin, mourir pour elle. Lorsque la IIIe République se met en place, les instituteurs, les « hussards noirs », inculquent aux écoliers les vertus civiques, autant dire le service de la République.

Aujourd'hui même, il existe tout un secteur public ou parapublic dans lequel des hommes et des femmes se dévouent au service de l'éducation, de la sécurité, de la santé, de la justice, et, plus généralement, de nos services publics dont l'étranger s'accorde à reconnaître la qualité. Ajoutons à cela le grand élan qui pousse des Français toujours plus nombreux à s'investir dans le secteur associatif, l'attraction qu'exercent sur les jeunes les activités dans le domaine de l'humanitaire ou de l'écologie, et l'on conviendra que la plupart de nos concitoyens veulent servir la France ou de grandes causes et ne vivent pas repliés sur leur seul intérêt égoïste. Cela devait être dit afin de ne pas sembler opposer la vertu des armées à un relâchement de la population civile.

« Servir » : ce verbe sur lequel se cristallise l'exigence militaire porte une interrogation générale des démocraties modernes dont le destin se joue peut-être entre ceux qui veulent les servir et ceux qui ne veulent que s'en servir.

Mais ces valeurs altruistes ne sont pas liées au métier des armes. Il a existé et il peut encore exister des mercenaires qui combattent pour leur seul profit, au service de celui qui verse la meilleure solde. C'est la chance et l'honneur de la France d'avoir une armée qui fonctionne sur d'autres principes et d'autres valeurs et qui, de ce fait, peut apporter au pays plus qu'une défense militaire, une référence civique. N'est-il pas significatif que tant de Français regrettent le temps du service militaire obligatoire, ayant le sentiment que l'armée donnait aux jeunes une formation républicaine et pas seulement militaire ?

L'armée française n'existe qu'au service de la nation, à ce titre elle n'est pas différente d'autres services publics, mais elle affiche de façon permanente cet engagement qui est sa raison d'être. Et pour un homme qui a vécu toute son existence dans l'armée, il ne s'agit pas d'une analyse abstraite, mais d'une expérience vécue.

Depuis le jour où je me suis engagé dans la carrière militaire, ce mot de « service » est devenu omniprésent dans mon quotidien comme dans celui de tout soldat : « service de semaine », « années de service », « service à la mer », « service aérien commandé », « note de service », « service de santé », « service d'une arme »… La liste est longue. Si le mot occupe, à ce point, le vocabulaire militaire, c'est bien parce que le service est au cœur de la vie que ces hommes et femmes ont choisie. Sans lui, la vie militaire perd son sens et l'armée sa cohésion.

« Je me suis engagé pour l'aventure, m'a dit un jour un sous-officier. J'ai vite compris que j'avais choisi une vie de service. Alors j'ai servi et, dans le service, j'ai eu la surprise de découvrir l'aventure. » Il y a beaucoup de sagesse dans cette phrase. Un de mes prédécesseurs, le général d'armée Henri Bentégeat, pour qui j'ai une grande admiration, a parfaitement exprimé ce que vivent les militaires : « Tribu nomade au territoire incertain et dont l'erratique transhumance obéit à des règles obscures et impérieuses, les militaires sont de perpétuels errants. » Comme ce sous-officier, je peux dire que c'est une formidable aventure. Un chemin escarpé. Un chemin exposé. Les militaires ne sont pas au service d'une personne, ni d'une entreprise, ni d'un parti, ni même uniquement d'un chef. Ils ne sont pas davantage au service d'une idée et encore moins d'une idéologie. Ils sont au service d'un pays, la France. Ils servent un bien commun qui les dépasse, mais dans lequel ils s'incarnent pour une part. J'en parlais récemment encore avec notre sportif de la défense, le sous-lieutenant Martin Fourcade, notre grand biathlète national, mais aussi un patriote, fier de porter le drapeau français aux prochains Jeux olympiques de Pyeonchang.

Servir pour le succès des armes de la France impose une vie rude et expose, le cas échéant, aux risques du combat. Le prix est élevé, mais c'est lui qui fait la valeur de l'engagement. Servir la France dans son armée ne peut être qu'une aventure collective. En choisissant cette voie, le soldat accepte de faire passer son intérêt personnel au second plan. En contrepartie, il découvre la fraternité d'arme, l'extraordinaire cohésion du groupe qui doit permettre à chacun de se réaliser et même de se dépasser.

Protéger les Français est l'honneur du soldat. Servir est son ADN, qui privilégie les devoirs plutôt que les droits, le sens de la mission plutôt que l'intérêt personnel, la responsabilité plutôt que le pouvoir, la disponibilité plutôt que le calcul du temps de travail. Il s'agit évidemment d'un référentiel, d'un idéal. Avec ou sans uniforme, la perfection n'est pas humaine et les soldats suivent un modèle que, par définition, ils ne sauraient incarner dans toutes ses exigences. Mais il est important de conserver de telles constructions collectives en ces temps où tous nos modèles se trouvent contestés et où, trop souvent, sont valorisés des contre-modèles.

Solidaires de nos blessés

À Paris, l'imposant hôtel des Invalides rappelle que l'état militaire ne va pas sans des risques physiques importants. Le risque de blessure, de mort est la rançon de notre vie au service de la patrie. Une armée se juge d'abord à son comportement vis-à-vis des hommes tombés au combat.

Chacune de mes visites à l'hôpital Percy, auprès de nos blessés, a été pour moi un encouragement à l'action. J'en ressortais toujours transformé, relativisant les petits problèmes quotidiens, après avoir côtoyé tant de souffrance.

La blessure est avant tout une épreuve. Une épreuve douloureuse et lourde ; souvent trop lourde pour être portée par un homme ou une femme seule. Une épreuve qui touche non seulement le soldat blessé, mais aussi son entourage, à commencer par sa famille, ses amis, ses camarades.

La blessure est aussi une rupture. Au combat comme à l'entraînement, elle arrive brutalement, sans prévenir. Aveuglément. L'un est touché ; l'autre ne l'est pas. Pour celui qui est touché, il y aura toujours un « avant » et un « après ». C'est un saut dans l'inconnu.

La blessure est, enfin, un appel. Un appel à l'entraide des camarades. Une main tendue qui sait pouvoir compter sur notre secours après avoir, elle-même, tant secouru. « Au combat, tu n'abandonnes jamais ni tes morts, ni tes blessés, ni tes armes », nous dit le code d'honneur du légionnaire. C'est vrai à la guerre, et c'est tout aussi vrai pour le combat qui suit toute blessure, physique ou psychologique : celui de la reconstruction.

Nos blessés peuvent compter sur le soutien de l'institution militaire, mais aussi de la nation tout entière. C'est l'honneur des armées d'y répondre dans la discrétion, la fidélité et la solidarité étroite qui unit les membres d'une même famille.

En écrivant ces lignes, certains visages me reviennent ; j'entends à nouveau certaines paroles fortes et simples à la fois ; je revois ces regards échangés, sans qu'il soit nécessaire d'en dire davantage. Avec nos camarades blessés, pas de paroles inutiles. Juste de la sincérité et de l'humanité. Entre soldats. Je pense à cet adjudant-chef des forces spéciales, lourdement blessé au Mali, allongé et souffrant, qui m'a raconté les circonstances de sa blessure et qui n'aurait de cesse qu'il ne puisse « se remettre au plus vite pour repartir pour une autre mission pour la France ». Je pense à ce sous-officier aviateur, grand brûlé à Albacete en Espagne, lors de la chute d'un avion sur le tarmac où allaient décoller nos équipages avec leurs avions de chasse. Je l'ai vu progresser régulièrement de visite en visite, avec ténacité et avec l'aide de ses proches, également remplis de courage.

Je pense au match de football organisé depuis trois ans au début du mois de septembre entre une équipe militaire et le Variétés Club de France, présidé par mon ami Jacques Vendroux. Les bénéfices de cette rencontre sont reversés intégralement pour aider les blessés et leur famille. Chaque année se retrouvent sur le terrain des artistes, des célébrités multiples, des anciens joueurs internationaux face à des militaires de tous grades et de tous âges, avec, sur la touche, les blessés et leurs proches auxquels la rencontre est dédiée. Quel bonheur de les voir heureux de pouvoir côtoyer Guy Roux, notre coach, Bixente Lizarazu, Fabien Barthez, Laurent Blanc, Christian Karembeu, etc.

Le sport n'est pas seulement un spectacle réconfortant, il est aussi pour certains de nos blessés la voie de la résilience. À Percy, je fis la connaissance d'un caporal-chef qui venait, à moins de trente ans, de réaliser qu'il passerait le reste de son existence en fauteuil roulant. En discutant avec lui, je découvre qu'il est sportif, parachutiste, et je l'encourage à réfléchir au sport qui lui plairait. Je le revois quelques mois après. Il a choisi l'aviron. Aujourd'hui, il est un des meilleurs spécialistes mondiaux dans sa discipline et prépare les prochains Jeux olympiques. J'ai une grande admiration pour lui.

Pour aider ceux qui choisissent cette voie, nous disposons, au Centre national des sports de défense, à Fontainebleau, d'installations adaptées, rénovées récemment et de très grande qualité. Je souligne les résultats remarquables de l'équipe française des blessés de la défense aux Invictus Games au Canada en septembre 2017, une compétition réservée aux blessés de guerre.

C'est l'honneur de l'institution militaire d'avoir conservé cet esprit de famille, qui n'abandonne jamais quelqu'un dans la difficulté. J'ai passé une partie de ma journée du 13 juillet avec les familles des militaires morts dans l'année. Croyez-moi, après de telles conversations, on relativise grandement les désagréments de la fin de journée, puisque je me trouvais juste à côté de ces familles pendant la fameuse allocution présidentielle dans les jardins de l'hôtel de Brienne.

La juste cause

Le service de la France comporte grandeur et servitudes. Grandeur de notre patrie, servitudes des blessures corporelles mais aussi des blessures morales.

L'objectif n'est pas la guerre, mais la paix. Mais, pour le soldat, cette paix ne se réduit pas à la fin des combats. Elle implique la restauration de la justice, la fin de l'oppression, le retour à un ordre pacifique et juste, qui sont les vraies récompenses des sacrifices consentis dans la bataille. C'est assurément cette fière satisfaction que ressentirent en mai 1945 les soldats de la 2e DB qui avaient suivi Leclerc depuis Koufra.

Quand on est CEMA, on doit assumer la responsabilité des décisions prises par l'autorité politique. Il faut tordre le cou à l'image absurde du militaire va-t-en-guerre. Le militaire sait mieux que personne ce qu'il en coûte pour les soldats et pour les populations d'engager un conflit. C'est le dernier recours, quand seule la force peut faire reculer la violence. Face à tout engagement éventuel étudié par les autorités politiques, je me suis toujours posé la question primordiale et préalable, pour moi, à toute action : Quel est l'effet final recherché ?

L'histoire récente est riche d'enseignements sur ce point. En 2003, la France aurait pu être tentée, tout comme la Grande-Bretagne, de suivre les États-Unis dans la guerre qu'ils préparaient contre l'Irak de Saddam Hussein. Avec le recul, on sait que cette campagne n'a apporté aucune solution pour l'équilibre du monde. Sans la sage détermination du président Jacques Chirac, nous aurions pourtant peut-être été entraînés dans ce conflit.

Ce n'est jamais le cœur léger, mais au contraire après de longues et minutieuses réflexions que les responsables militaires s'engagent dans une action. Ces interrogations, croyez-moi, tout chef opérationnel se les pose avant une action militaire, quelle qu'elle soit. Lorsque je servais en Afghanistan, au début de l'année 2007, j'ai préparé dans ma zone la reprise de contrôle de la vallée d'Uzbin pendant plusieurs semaines. Cette opération se terminait par une action militaire sur le terrain, dans une zone qu'on savait dangereuse. J'ai calculé les risques que j'avais présentés au chef d'État-major des armées de l'époque, le général d'armée Jean-Louis Georgelin, lors d'une liaison vidéo. Exigeant, à juste raison, il a insisté sur cette notion de risque et de gains en échange. La veille du déclenchement, seul dans mon bungalow, j'ai senti le poids des responsabilités sur mes épaules. Fallait-il y aller ou pas ? Mon évaluation des risques était-elle juste ? L'effet final en valait-il la peine ? À la fin, le chef est seul pour prendre la décision. Je revoyais le scénario, les manœuvres qui seraient lancées le lendemain ; je cherchais le grain de sable. Finalement, l'opération a été lancée et s'est déroulée selon nos prévisions. La vallée d'Uzbin a été mise sous contrôle sans perte, ni accrochage.

Les situations peuvent devenir inextricables comme en Syrie où la multiplicité des belligérants et des intervenants, la cruauté sans limite de nos ennemis, ne permettent plus de dessiner une stratégie évidente qui s'impose à tous. Nous faisons face à des situations complexes jusqu'à en devenir indéchiffrables, alors que la pression du temps crée une situation d'urgence permanente. Il faut agir dans la réaction. Et pourtant, prendre le temps de la réflexion, s'interroger sur le sens de nos actes, sur le couplage entre l'action et son objectif est essentiel. Je m'en suis souvent entretenu avec nos aumôniers et je me souviens, en particulier, de longues discussions avec le rabbin Haïm Korsia qui, avant d'être élu grand rabbin de France, fut longtemps aumônier en chef du culte israélite des armées. Pour cet homme de foi et intellectuel éminent, comme pour beaucoup de croyants, la justice qui exclurait la violence n'est pas de ce monde, mais la recherche de la justice, elle, est liée à la condition humaine.

Le politique et le militaire

La conflictualité contemporaine crée de l'ambiguïté à tous les niveaux dans la désignation de l'ennemi, l'évaluation de la menace, l'appréciation de la situation, les objectifs à poursuivre, le choix des moyens. Les rapports entre le pouvoir politique, seul décideur en dernier recours, et l'État-major s'en trouvent modifiés. Ils supposent une relation constante, un dialogue nourri, une confiance mutuelle. Ce sont deux façons de voir différentes, deux manières d'être parfois antagonistes qui se confrontent et se concilient dans l'intérêt supérieur du pays. Le politique se trouve soumis à des pressions, des urgences venant de toutes parts, un calendrier marqué par des échéances à court et moyen termes. Le militaire est centré sur la force armée, il sait que des opérations durent souvent au-delà d'un quinquennat et que leurs conséquences s'inscrivent dans le long terme. Le politique maîtrise l'art de la communication, de la subtilité rhétorique, des allusions fines. Le militaire, lui, reste souvent dans la sincérité du premier degré. L'alternative entre l'ordre de tirer et celui de ne pas le faire ne laisse pas de place aux sous-entendus ; elle impose la confiance. Cette différence d'approches n'est pas un handicap mais, au contraire, doit être une complémentarité et apporter une plus-value à la décision. C'est en demeurant chacun dans sa sphère de compétences que l'on trouve les meilleures solutions, que l'échange est le plus fructueux. Restant, face à mes interlocuteurs politiques, le soldat que je suis, j'ai toujours su que nos différences pourraient devenir des désaccords et que je ne saurais avoir le dernier mot face au représentant de la nation.

Pour la population, et c'est bien normal, l'armée est essentiellement une institution qui remplit une mission ; pour un militaire comme moi, elle est en premier lieu une communauté d'hommes et de femmes. C'est la qualité de son personnel, son adhésion à un idéal partagé qui constituent sa première vérité, sa première force. C'est cela qui m'attache d'abord à cette armée.

J'ai essayé dans ces quelques pages de parler avec mes tripes pour faire sentir qui sont ces hommes et ces femmes : des serviteurs, qui privilégient l'intelligence du cœur. Peut-être qu'avec la disparition de la conscription il y a plus de vingt ans les jeunes générations ont un peu oublié cela. L'antimilitarisme a complètement disparu ou presque, laissant parfois la place à une indifférence courtoise, une ignorance assumée et, si l'on n'y prend pas garde, à un malentendu grandissant.

C'est précisément pour éviter cela et pour que la qualité de nos armées perdure que je me suis battu ces dernières années, comme major général, puis comme chef d'État-major des armées, avec un objectif à atteindre : donner à nos personnels les moyens qu'ils méritent. La valeur de nos hommes et de nos femmes, l'héroïsme de certains d'entre eux, les valeurs qu'ils incarnent, le sens du service qu'ils affichent, la cohésion qu'ils manifestent méritent que je le dise à temps et à contretemps, car ils sont un signe d'unité pour la France, un signe d'espérance pour notre jeunesse.

Chapitre 10

Aimons notre jeunesse, elle nous le rendra

L'armée n'a pas le monopole de la jeunesse, mais elle a une voix à faire entendre sur ce sujet. Cette conviction s'est étoffée tout au long de ma vie. Pour reprendre l'expression de Manfred Gregor, « la jeunesse n'est ni bonne ni mauvaise. Elle est à l'image de son temps ». Nos jeunes sont issus d'une société qui aspire à plus de consommation et moins de contraintes, plus de réseaux sociaux et moins de poignées de main, plus de facilités et moins d'exigences. Une société qui semble parfois se désocialiser avec le triomphe de l'individualisme et le repli sur la sphère privée au détriment de l'engagement collectif et des valeurs partagées. De ce point de vue, l'armée paraît comme une contre-société tant ses valeurs et ses perspectives paraissent à l'opposé de cette modernité déconstruite. La jeune génération réclame toujours plus de garanties, d'assurances contre toutes formes de risques.

Que tout incite à l'égoïsme, à l'hédonisme, à la facilité, c'est un fait ; que beaucoup de jeunes se laissent séduire par ces tentations, c'est également vrai. Mais voit-on que la jeune génération y trouve le bonheur, l'accomplissement de soi ? Toutes les enquêtes sociologiques révèlent un mal-être juvénile que le divertissement ne suffit pas à étourdir. En réalité, je crois qu'au fond d'eux-mêmes, beaucoup d'entre eux se cherchent des raisons de vivre, aspirent à se rendre utiles, sont en manque de sens.

Plongés dans le zapping permanent, vivant au gré des attentes immédiates et des engouements à géométrie variable, surfant dans les mondes artificiels d'un réseau social à une information continue, toujours dans le virtuel, rarement dans le réel, rongés par la peur du chômage et d'un avenir fermé, ils sont en réalité fragiles, en manque de repères.

À cette jeunesse déboussolée l'armée offre tout ce que les jeunes devraient rejeter : de l'effort, de la discipline, de l'autorité, des absences prolongées, des perspectives salariales modestes. Ce que nous avons à proposer, c'est une vie sans confort ni repos. Et pourtant ! Nous continuons à recruter selon nos besoins, de l'ordre de 25 000 jeunes par an au total. Nous fidélisons sans faire preuve de démagogie ni baisser notre niveau d'exigence, même s'il est aujourd'hui plus facile de recruter que de fidéliser. D'où vient que l'armée ait ce pouvoir d'attraction, que peut-elle offrir à des jeunes gens d'aujourd'hui ?

S'engager

L'armée offre d'abord de la considération. Elle transcende les diplômes académiques. Chacun est évalué selon ses compétences et ses mérites. Ce qu'elle recherche, ce sont des jeunes avec du caractère, du courage, du charisme, de l'enthousiasme, de l'initiative. Bref, une personnalité plus qu'un C.V.

L'armée recrute dans les trois catégories de militaires : officier, sous-officier et militaire du rang, avec des critères de sélection qui varient, bien sûr. Les jeunes découvrent l'armée lors de la Journée défense et citoyenneté, à laquelle tous, garçons et filles, sont convoqués à l'âge de dix-huit ans. Pour ceux qui décident de poursuivre dans la découverte des métiers de la défense, s'ensuivent des séries de tests, physiques et psychologiques, puis une formation initiale de six mois au cours de laquelle ils se spécialisent. C'est à l'issue de cette formation qu'ils décident de rester dans l'armée et peuvent partir en opération. Entre le premier jour et la fin de ces six premiers mois, environ 20 % seulement des jeunes quittent l'armée, soit parce qu'ils ne répondent pas aux critères requis, soit parce qu'ils ont changé d'avis. Cette première période est capitale : elle offre un cadre, des valeurs, une remise à niveau parfois à des jeunes trop souvent déstructurés, en échec et qui, malgré leur jeune âge, sont parfois laissés sur le carreau. L'armée cherche à repérer leur talent, à le leur révéler, à leur montrer comment ils peuvent contribuer à la réussite d'un groupe, au nom d'un idéal commun qui les dépasse.

C'est sur ces critères que, dans l'absolu, celui qui débute sa carrière comme militaire du rang peut finir général. L'armée croit en effet qu'il existe des talents en dehors du système scolaire, quelles que soient les origines de ces jeunes ! Chacun peut et doit avoir sa chance, selon ses mérites. Chacun mérite le respect.

Qu'espère-t-on trouver dans l'armée quand on a vingt-trois ans ? Pour l'un, ce sera monter à l'assaut d'une position d'al Qaida au Maghreb islamique au Mali à la tête d'une trentaine de soldats ; pour l'autre, piloter un avion Rafale en mission de combat au-dessus de l'Irak ; pour le troisième, être officier de quart du porte-avions nucléaire *Charles-de-Gaulle*. Lorsqu'on a vingt-trois ans, on peut être responsable de vies humaines.

Ces rêves, tous ne les réaliseront pas, mais ils peuvent être irrésistibles dans un monde qui ne fait plus rêver et qui n'offre trop souvent l'aventure que sur écran. En outre, les jeunes savent que l'armée peut aussi leur offrir des formations et des expériences bien réelles pour la suite de leur vie. Car la capacité du système militaire à faire réussir ceux-là mêmes qui échouèrent à l'école est un fait avéré. Mal parti dans la vie et bien arrivé grâce à l'armée, on en connaît de nombreux exemples.

L'armée propose une vie en commun, une fraternité, sinon une famille. Pour beaucoup de jeunes, c'est le contraire même de ce qu'ils ont connu. Leur famille, c'est le régiment. Ils vivent sur place, dans des chambres de quatre à six, et ils apprennent parfois à se lever de bonne heure, à respecter des horaires, à mener une existence structurée. Ils découvrent la liberté qu'offre un cadre, le soulagement de voir pris en charge leur quotidien et de pouvoir se concentrer sur leur apprentissage et la réussite de leur groupe. La dimension humaine, au cœur de l'organisation militaire, fait naître l'autorité qui donne son sens au commandement et emporte l'adhésion. Là peuvent éclore la cohésion, l'amitié, la solidarité qui font la valeur d'une unité combattante.

Le sens de l'effort

L'armée offre surtout le binôme valeurs-effort dans un monde où la valeur suprême est trop souvent celle du moindre effort. Or l'un ne va pas sans l'autre. Le monde militaire crée un lien absolu entre la discipline, les contraintes et les grands principes que l'armée sert. La cohérence est évidente entre le fait de vivre en opération, de patrouiller sans cesse dans la cité, de crapahuter sur les dunes du Sahel, de connaître l'inconfort des bivouacs et de devoir assurer la protection de ses compatriotes, de combattre pour sa patrie. Les valeurs deviennent précieuses dès lors qu'on en paie le prix. Le général MacArthur disait : « La jeunesse n'est pas une période de la vie, elle est un état d'esprit. » Cet état d'esprit, c'est heureusement bien souvent le don de soi, la recherche d'une juste cause. Ce que propose l'armée.

S'engager dans l'armée, ce peut être concilier une aventure individuelle et un destin collectif. Le fait est que ce choix exigeant attire des jeunes de tous les milieux et toutes les origines. La vie sous l'uniforme répond aussi à un désir d'égalité. Quelles que soient leurs origines sociales, le lieutenant saint-cyrien, le sergent bachelier et le militaire du rang parfois sans diplôme seront exposés aux mêmes dangers. Aucun d'entre eux ne sera à l'abri de la balle ennemie et aucun ne saura à l'avance lequel de son groupe pourra lui sauver la vie. Il se produit dans la vie militaire ce brassage social qui amène chacun à être estimé et reconnu pour ce qu'il est vraiment. Le danger de mort au combat agit sur les jeunes militaires comme un effet égalisateur et façonne les relations entre eux.

Je suis allé régulièrement voir nos soldats, marins et aviateurs, sur le terrain. Il me revient trois rencontres qui ont eu lieu la même semaine. Le lundi, je suis allé visiter un centre de recrutement, là où des jeunes poussent la porte pour entrer dans l'armée. La mission d'accueil était assurée par une jeune fille, engagée dans la marine, qui finissait son second contrat d'un an. Elle venait d'une famille pauvre, vivant dans une banlieue d'une grande ville. Elle avait grandi parmi une fratrie de dix enfants, et certains de ses frères et sœurs n'étaient pas dans le droit chemin. C'est son père qui lui avait conseillé d'aller dans l'armée. Et, après deux contrats d'un an chacun, elle était décidée à rester et à signer pour cinq années. « Pourquoi restez-vous ? lui ai-je demandé. – Parce que j'ai trouvé un sens à ma vie, j'ai des responsabilités. À travers mon travail, je peux rendre à la France ce que la France a donné à mes parents : l'accueil. »

Quelques jours plus tard, alors que je quitte Balard vers 20 h 30 pour me rendre à une réunion à l'École militaire, je tombe dans le hall sur un jeune homme, un lieutenant de l'armée de terre. Un profil plutôt rare dans ces murs où l'on emploie plutôt des officiers supérieurs. En discutant, j'apprends qu'il est diplômé d'une grande école de commerce et qu'il a passé plusieurs années à trimer dans un cabinet d'audit important, avec comme perspectives des augmentations de salaire, des primes diverses. Rien de tout cela ne le satisfaisait ; aussi a-t-il décidé de signer un contrat dans l'armée de terre. Affecté à Balard pour travailler à l'installation, alors récente, dans ces locaux, il me confia être plus heureux que jamais : « Les gens travaillent portes ouvertes ; ils vous regardent dans les yeux ; ils sont intéressés par l'intérêt général. »

En fin de semaine, je me trouve au baptême de la promotion des sous-officiers de l'armée de l'air, à Cognac. Une jeune sergent engage la conversation : après un bac plus trois, elle a décidé de s'engager dans l'armée de l'air, pour assouvir sa passion de l'aéronautique. Elle a trouvé une cohésion, mais aussi une formation valorisante, des responsabilités et un métier passionnant. Ce qu'elle veut faire se résume dans ces mots : « Servir la France », me dit-elle.

Un cadre

Évidemment, cette jeunesse vaut aussi par l'encadrement qui la commande. Notre système repose essentiellement sur l'ascension sociale. Par exemple, la moitié des sous-officiers sont des anciens militaires du rang dans l'armée de terre. Dans la marine et l'armée de l'air, tout jeune sous-officier ou officier marinier est parrainé par un plus ancien. Cette transmission est fondamentale, pour les jeunes, mais aussi les formateurs. Je sais de quoi je parle, car j'ai été profondément marqué par mon expérience d'instructeur à Saumur de sous-officiers d'active, venus du civil, pour la plupart bacheliers ou diplômés d'un BEP. Alors jeune capitaine, très sportif, je m'étais investi avec passion dans cette tâche. Au printemps dernier, j'ai eu la surprise d'être invité à déjeuner par une vingtaine de ces hommes que j'avais formés trente-cinq ans plus tôt. Ils gardaient un souvenir très vif de ces quelques mois de formation et avaient été marqués par mon souci d'exigence. Je n'imaginais pas qu'ils me remercieraient notamment de les avoir réveillés au milieu de la nuit, une veille de la Toussaint, pour les larguer en pleine forêt de la Breille avec pour instruction de parcourir ensemble les vingt kilomètres qui les séparaient de Saumur. Le but de l'exercice était de tester leur sens de la cohésion, mais aussi leur résistance physique. La théorie entre souvent par les pieds ! Ils avaient aussi en mémoire les encouragements, l'humour – jamais la moquerie – sur lesquels je me reposais pour tirer le meilleur d'eux-mêmes.

La sincérité

Dans l'armée, ce sont avant tout des valeurs, peut-être plus essentielles que d'autres pour l'équilibre de nos forces, que nous transmettons.

La première d'entre elles est certainement la loyauté, la sincérité, la franchise. La tradition militaire valorise cette vertu. Elle fait de la sincérité la clef de la confiance indispensable pour assurer la cohésion sur le champ de bataille. Lorsque le mensonge instille la méfiance annonciatrice de la défaite… La sincérité résulte toujours d'un choix libre. Vous choisissez d'en faire une règle de vie, mais on ne peut vous l'imposer de l'extérieur. Je n'ai jamais pu faire autrement que de dire les choses avec sincérité, quel que soit l'auditoire. Au mois de juin dernier, j'ai été invité à m'adresser à la promotion de l'ENA, puisqu'une seule journée – sur deux ans de scolarité… – est consacrée aux questions de défense. J'ai parlé avec franchise, parfois rudesse, de la France, du rôle du chef, de nos armées, devant un auditoire loin d'être *a priori* conquis. Je me souviens des élèves volontiers narquois « planqués » au fond de la salle – ils ignoraient que je suis un habitué des fonds de salle. Mais au final, ce discours clair, tranché, franc leur a plu et je suis parti ovationné et même avec des demandes d'entrée dans la réserve.

Être sincère, ce n'est pas dire ce que les gens ont envie d'entendre, mais ce qu'ils sont en droit d'entendre, avec le souci de la véracité et de la constance. Être sincère, c'est se forger des convictions, rester ouvert à la contradiction, mais ne pas tomber dans le cercle vicieux des sincérités successives, professées la main sur le cœur ! Rien n'était pire pour moi que de voir arriver un subordonné me lancer un vibrant : « Mon général, quel plaisir d'être sous vos ordres ! » J'ai toujours mille fois préféré échanger avec des collaborateurs qui savent faire valoir un point de vue différent du mien. Et j'ai eu la chance d'être entouré d'une équipe capable d'entrer dans mon bureau à tout moment pour me dire qu'ils n'étaient pas d'accord avec moi. Je les écoutais et prenais ensuite une décision qu'ils exécutaient, même si elle n'était pas conforme à leurs vœux. Et je sais qu'il est parfois aussi difficile de dire les choses franchement, les yeux dans les yeux, que de savoir les entendre.

La fraternité

Autre vertu mise en avant par la vie militaire et prisée par la jeunesse : la fraternité. Alors que beaucoup prônent l'individualisme comme modèle de vie, l'armée mise sur la force du collectif. Quand certains expliquent que tout est interchangeable, l'institution militaire dit au contraire que chacun est unique. Quand la fraternité apparaît, tout devient subitement plus facile. Derrière elle, en rangs serrés, on trouve l'esprit de corps, d'équipage ou d'équipe, l'entraide, la fraternité d'armes et même l'amitié. Quand elle s'effrite, au contraire, il y a comme quelque chose de cassé. L'horizon s'assombrit. Tout devient pénible et lourd. La grisaille s'installe dans l'unité ou dans l'équipage, plus épaisse et plus froide que celle d'un mois de décembre.

La singularité du métier de soldat, de marin ou d'aviateur réside, justement, dans la confiance mutuelle, la certitude de pouvoir compter sur son camarade en cas de difficulté ou de péril, à tout moment.

C'est pourquoi les militaires ont collectivement le devoir de protéger cette confiance et de la faire grandir. Comment ? Il y a deux manières ; une bonne et une mauvaise. La mauvaise, c'est la cohésion qui se construit « contre » : contre l'autre unité, contre l'autre armée, contre l'échelon supérieur, contre les jeunes, contre les vieux, contre les plus faibles… Cette fausse cohésion n'est que façade. Elle mène immanquablement aux luttes intestines. Celles qui nous affaiblissent et font le jeu de l'adversaire. Celles qui laissent un goût amer dans la bouche : celui de la défaite et de la désunion.

La bonne, c'est la cohésion qui se construit « avec ». Avec tous les membres de l'unité, sans exception ; avec les autres unités par une saine émulation ; avec les chefs qui doivent avoir à cœur de créer les conditions favorables à la cohésion ; avec les anciens, avec les plus jeunes et, bien sûr, avec nos blessés et leurs familles. Les cohésions ne s'opposent pas ; elles s'additionnent.

C'est sur ce point notamment que la formation des militaires est spécifique. Certains athlètes de haut niveau qui viennent faire avec nous un stage d'aguerrissement par exemple sont marqués par cette cohésion. Quand vous passez plusieurs nuits en grande difficulté parmi vos camarades, quand vous avez tenu parce que l'un d'entre eux a partagé sa gourde d'eau avec vous, votre rapport aux autres change, et vous prenez conscience que vous ne valez qu'à travers le groupe. Cet état d'esprit essentiel dans l'armée est malheureusement trop rare dans nos grandes écoles, par ailleurs excellentes, mais où la sélection induit un tel esprit de compétition que l'on reste encore trop centré sur soi-même pour réussir. L'attrait des jeunes pour l'humanitaire montre pourtant qu'ils aspirent à être plus solidaires que solitaires.

Le courage

Après la sincérité et la fraternité, je pense que le courage est une vertu fondamentale pour le combattant, une valeur trop peu enseignée aujourd'hui. Les jeunes viennent chercher dans l'armée cette capacité à se dépasser. C'est d'autant plus nécessaire que le courage est parfois regardé avec suspicion par certains de nos contemporains. Son odeur de poudre et son panache l'ont, *de facto*, remisé – pensent-ils – au rang des valeurs quelque peu désuètes, pour ne pas dire inutiles, voire dangereuses.

Le vrai courage ne pavoise pas. Il ne fanfaronne pas. Napoléon avait coutume de dire : « Le vrai courage, c'est celui de trois heures du matin ! » Celui des heures froides et longues ; celui des heures de garde nocturne que le militaire connaît bien.

Le visage du courage se reconnaît à coup sûr. Tout d'abord, au cœur. Et il en faut pour vaincre sa peur et se porter, sans calcul, au-devant de ce qui est difficile. Sans élan du cœur, point de courage. Cela ne signifie pas, pour autant, absence de prudence. « Un parachutiste est audacieux, mais il ne saute jamais sans parachute. » Au cœur s'associe la force – force physique et force d'âme, la première, celle qui commande et maîtrise la force physique. Le courage suppose une force, vient d'un élan, mais implique une résistance. Celle qui permet, si nécessaire, de tenir bon contre les vents dominants. Celle qui préférera toujours les convictions aux évidences ; la fermeté à la lâcheté ; la vérité à l'ambiguïté. En cela, le courage ne s'oppose pas à la discipline, pas plus qu'à la loyauté.

Enfin, le courage est la seule vertu qu'on ne peut simuler. Impossible de faire semblant ! En opération comme dans la vie de tous les jours. En situation de guerre ou en temps de paix, le poltron finit toujours par se démasquer.

L'autorité

Mais le courage ne suffit pas ; la discipline reste la force principale des armées. L'obéissance d'amitié, là où l'adhésion l'emporte sur la contrainte, irrigue cette discipline nécessaire à la maîtrise du feu. En réalité, plus que la discipline encore, la valeur qui me semble capitale aujourd'hui est l'autorité, son miroir inversé. On en a beaucoup parlé ces derniers mois, et souvent les jeunes engagés me disaient combien ils appréciaient de trouver une autorité. Celle qui ne tombe dans aucun des deux pièges qui la guettent. Ni l'abus de pouvoir qui détruit l'autorité, ni la démagogie qui est la négation même de l'autorité. Ni la coercition brutale, ni l'argumentation interminable. Ni la dureté froide, ni la mollesse tiède.

Quand l'autorité est excessive, la confiance de ceux sur qui elle est exercée est trahie. Quand l'autorité fait défaut, l'indécision s'installe. De l'indécision naît l'ambiguïté. De l'ambiguïté naît la confusion. Ce sont là les deux plus sûrs chemins vers la défaite.

L'autorité n'existe jamais par elle-même ni pour elle-même. Elle est incarnée par un chef. Celui qui va donner du corps et du cœur à son « galon » par un savant mélange de compétence et de charisme. Celui qui, malgré ses imperfections et ses erreurs, saura conserver son autorité, parce qu'il aura eu l'humilité de se remettre en question. L'autorité oblige tout autant celui qui l'exerce que celui sur qui elle s'exerce. Car la force de conviction du chef passe par l'estime qu'on ressent pour lui, donc par son exemplarité. On oublie trop souvent de faire rimer autorité avec humanité. Et dans notre époque stressée, on croit parfois perdre son temps à se dire bonjour, se serrer la main, s'écouter, échanger. Alors que c'est ainsi qu'on gagne de la reconnaissance, de l'estime, de l'efficacité. Et donc du temps.

Car la vraie efficacité vient d'abord des hommes et des femmes que l'on dirige. Lorsqu'ils sont motivés, « on les emmène au bout du monde », suivant une expression militaire. Ils décuplent leur investissement. La recherche de l'efficience doit commencer par là et pas uniquement par des tableaux de chiffres, des normes ou des gains de productivité. La meilleure rationalisation d'une organisation passe d'abord par une meilleure motivation et par une attention généreuse aux hommes et aux femmes qui composent une communauté. Ainsi se fondent la vraie autorité et la cohésion.

L'imagination

Mais, au-delà de l'autorité, les jeunes cherchent aussi à se réaliser, à entreprendre, à s'approprier la mission, à se sentir utiles, voire essentiels. La jeunesse est le temps des projets, des grands espaces et de l'initiative. Pour ce faire, il faut laisser une place à l'imagination.

Audace, surprise et dépassement sont trois fruits de l'imagination ; ce sont, aussi, trois conditions essentielles à la victoire. Dans le « brouillard de la guerre », rien n'est certain. Et pourtant, rien ne serait pire que de choisir de ne pas choisir. L'imagination est la ligne de vie qui permet de s'extraire, à coup sûr, du piège de l'indécision.

Imaginer, c'est envisager ce qui est réellement possible, sans se limiter à ce qui apparaît faisable. Surprise, ensuite. Surprendre, c'est choisir de faire autrement et non se limiter à « ce qui s'est toujours fait ». Le maréchal de Lattre de Tassigny, l'homme de l'« amalgame » – qui réunit les volontaires des Forces françaises de l'intérieur à la 1re Armée en 1944 –, a eu cette formule qui résume, à elle seule, le formidable pouvoir de la surprise et, donc, de l'imagination : « Frapper l'ennemi, c'est bien. Frapper l'imagination, c'est mieux. »

Dans nos armées d'aujourd'hui, dimensionnées au plus juste, l'imagination ouvre des perspectives au travers de l'innovation et de la modernisation. Et sur le terrain, quand toutes les solutions classiques ont été épuisées, reste toujours le « système D » de celui qui n'abandonne jamais. Je revois ce caporal-chef m'expliquant en plein désert comment il a inventé un système de capteur passif pour alerter en cas de venue de terroristes. Je ne donnerai pas de détails pour des raisons de discrétion, mais, avec quelques centaines d'euros à peine, il a trouvé un procédé totalement nouveau et qui s'est révélé particulièrement efficace.

In fine, pour être bénéfique, l'imagination ne doit jamais faire abstraction du réel, au risque de verser dans l'imaginaire ou l'idéologie. Elle doit, au contraire, s'ancrer profondément dans la réalité, tant il est vrai que « l'imagination est une qualité lorsqu'elle sert, mais un défaut quand elle commande ».

La détermination

La détermination est la reine des batailles. En son absence, la frilosité, l'inconstance, la versatilité, voire la lâcheté s'installent, qui sont les annonciatrices de la défaite. Rien de grand ne peut jamais se construire sur l'hésitation permanente, le commentaire facile ou les petits accommodements. Ce qui est présenté comme une fatalité n'est bien souvent que l'excuse de ceux qui ont abandonné !

L'engagement, pesé et réfléchi, est d'ailleurs ce qui distingue la détermination éclairée du fanatisme obscur. Dans chaque combat, nombreuses seront les raisons qui peuvent inciter à renoncer. Seule une réflexion dépassionnée permet de distinguer celles qui ne sont pas valables – les plus nombreuses – de celles qui appellent une inflexion.

Le plus sûr chemin vers la victoire n'est pas toujours la ligne la plus directe, ni la plus évidente. Il faut, parfois, revenir sur ses pas. On peut être amené à « renoncer sous le sommet », comme disent les Alpins. Cette décision exige bien plus de détermination que la simple poursuite dans l'erreur.

La détermination est le courage du temps long ; celui des heures de doute. Pour garder suffisamment d'énergie sur la distance, il faut veiller à ne pas se disperser ; prendre les obstacles les uns après les autres, et les prendre pour ce qu'ils sont : un moyen d'éprouver et de renforcer notre volonté. Il faut surtout garder confiance. Les jeunes ont besoin de s'inscrire dans la durée et cherchent pour eux-mêmes à développer cette détermination qui leur permet d'échapper au futile et à l'instantané du quotidien. C'est d'ailleurs pour cela que durant leurs premières semaines, on leur apprend la notion de persévérance en montant la garde toute la nuit sans s'endormir, en prenant le quart dans l'humidité de la nuit sur le bateau, en observant l'écran radar pendant de longues heures, comme dans le désert des Tartares. Rarement ils ont eu l'occasion de durer ainsi dans l'action. « Rien ne résiste à un acharnement de fourmi », disait Victor Hugo.

Au moment où une réflexion est en cours sur la jeunesse et la mise en œuvre d'un service national universel, je me dois d'ajouter que toutes ces valeurs essentielles pour gagner au combat ne sont probablement pas spécifiques au métier militaire pour réussir sa vie. Mais le ministère des Armées n'est pas non plus en charge de la jeunesse et notre armée professionnalisée, taillée au plus juste, n'a pas pour vocation de se substituer aux ministères en charge de cette jeunesse. Les armées font déjà beaucoup de choses pour l'intégration des jeunes : service militaire volontaire (mille jeunes par an) pour les trois armées, service militaire adapté pour l'armée de terre, école des mousses pour la marine, dispositif « égalité des chances » pour l'armée de l'air. Il est difficile d'aller plus loin, sauf à risquer de faire moins en opérations, qui constituent pourtant notre raison d'être, notre cœur de métier. Appliquons les bonnes recettes, celles qui fonctionnent ; modifions celles qui ne donnent pas de bons fruits, sans idéologie ni tabou. Respectons un bon principe : chacun son métier.

En tant qu'ancien chef militaire, je crois en la jeunesse de mon pays, de notre pays. Je l'ai côtoyée tous les jours et j'ai foi en elle. Elle incarne l'avenir. « Pour ce qui est de l'avenir, il ne s'agit pas de le prévoir, mais de le rendre possible », disait Saint-Exupéry.

Conclusion

« En avant, calme et droit ! »

« L'union fait la force. » Cette maxime résonne, pour les militaires, comme une évidence. Une évidence systématiquement confortée par l'expérience de l'engagement.

S'unir, c'est d'abord chercher à « faire corps ». Non seulement en renforçant les liens qui nous relient les uns aux autres, mais également en en créant de nouveaux. Ces liens rendent plus dense la fraternité, celle qui fait que nous sommes « frères d'armes », et non « collègues » ; celle qui rend inconcevable l'abandon du camarade à son sort. Cette fraternité, les militaires lui donnent un nom : esprit de corps ou d'équipage.

S'unir, c'est cultiver le respect de l'autre. Il s'agit d'une ambition bien différente de la recherche de l'unanimité et du consensus. Dans l'armée, contrairement à ce que pourraient penser ceux qui ne la connaissent pas, l'uniforme n'est pas synonyme d'uniformité. Chacun est unique et respecté pour ce qu'il est. En revanche, les militaires se retrouvent autour de ce qui fait leur identité et leur spécificité : l'amour de la patrie, le sens du service, la camaraderie, la disponibilité, l'esprit de sacrifice, la discipline, le respect de la parole donnée… Unité et diversité, voilà la vraie richesse.

S'unir, c'est enfin faire toute sa place au bien commun. Happé par la spirale du conformisme et tenté de reconnaître la primauté des droits sur les devoirs, notre monde a besoin d'un antidote. Cet antidote, c'est l'unité. Les unités ne s'opposent pas, mais, je l'ai dit plusieurs fois, elles s'additionnent. Les « unités » font l'unité, au service de ce qui nous dépasse, toutes et tous : la France.

Le deuxième mot essentiel à l'issue de ce livre est l'espérance. L'échec s'annonce d'abord par un fléchissement intérieur. C'est en quoi un individu signe toujours son échec. Or, les situations désespérées amènent des solutions d'espoir. C'est là un beau paradoxe que nous devrions plus souvent méditer, lorsque l'abattement nous guette. « La France en a vu d'autres… » me disait récemment un ancien combattant de la 2e division blindée. Confrontés à l'hésitation entre le « pourquoi pas ? » et le « à quoi bon… », entre le défi et la résignation, il y a ceux qui sont bridés par la peur de l'échec et aveuglés par les obstacles à surmonter, et ceux que porte le rêve à atteindre.

Donnons à notre jeunesse envie de rêver, plutôt que de se réfugier dans la mélancolie d'un passé révolu.

La tradition française est d'aller de l'avant, plutôt que de regarder dans le rétroviseur. Gardons en mémoire les paroles de Charles de Foucauld : « Lorsque l'on se trouve devant deux chemins et que l'un d'eux semble plus difficile, c'est celui-là qu'il faut choisir ; la crainte est le signe du devoir. » C'est ce que font nos soldats français. Par leurs actes et leur état d'esprit, ils contribuent à éviter les pièges qui menacent en cette période troublée.

« Celui qui n'est que militaire est un mauvais militaire », écrivait Lyautey à juste raison. L'armée ne vaut que par la nation qu'elle incarne, dans sa diversité, dans sa richesse et dans son génie. Pour éviter tous ces pièges, je crois que le meilleur anticorps est l'esprit de défense et le patriotisme.

En 1973, alors que je préparais le concours de Saint-Cyr au prytanée national militaire, j'ai été désigné pour porter le bâton du maréchal de Lattre, à l'occasion de la traditionnelle cérémonie de sa mort au mois de janvier à Mouilleron-en-Pareds en Vendée. C'est là qu'est née chez moi cette volonté d'encourager l'« amalgame », de prôner l'espérance et l'unité. Dans ce même village sont nés et ont vécu deux géants de l'histoire de notre pays, deux modèles au visage si différent et si complémentaire, si illustratifs du génie français : Georges Clemenceau et Jean de Lattre de Tassigny.

J'ai souhaité conclure ce livre par l'expression « En avant, calme et droit ! ». Cette devise, que j'ai apprise à Saumur en 1978 comme sous-lieutenant, me semble très pertinente par les temps qui courent. Je suis souvent tombé de cheval, parce que je ne l'ai pas mise en œuvre. Croyez-moi. On s'en souvient ! L'équitation est un sport sans pitié, mais une excellente école de vie. Ce sont trois mots lourds de sens : l'équilibre vers l'avant qui assure la stabilité au cap, le calme des vieilles troupes qui procure la sagesse et la droiture qui évite de louvoyer devant l'obstacle et nous guide dans la bonne direction.

Une nouvelle page de ma vie s'est ouverte. Heureusement, les militaires n'ont pas le monopole du service. Je continuerai à servir mon pays autrement.

Il est temps d'en venir à cette dernière d'une longue série de lettres adressées aux jeunes engagés et publiées sur Internet. Celle-ci le fut quelques heures avant mon départ, le 19 juillet 2017. Mes dernières paroles militaires.

« Mon cher camarade,

J'avais encore pas mal de choses à vous dire ; et puis, – je dois bien l'avouer – j'avais pris goût à ce rendez-vous hebdomadaire, qui me permettait d'aborder certains sujets importants, de vous faire part de mes réflexions et de recueillir vos réactions.

Mais voilà, l'heure du départ est arrivée, plus rapidement que prévu. Cela ne vous étonnera pas, vous dont l'imprévu est le pain quotidien. Depuis le premier jour, nous avons appris à avoir, avec nous, un sac prêt pour partir "au coup de sifflet bref". Choisir d'être militaire, c'est accepter de ne plus s'appartenir, tout à fait.

Pour autant, la disponibilité à servir "en tout temps et en tous lieux", d'une ville à l'autre, d'un continent à l'autre, ne fait pas de nous des déracinés. Nous appartenons à une patrie que nous aimons ; nous sommes les héritiers d'une histoire qui nous a façonnés ; nous sommes porteurs de convictions qui nous font avancer. Sortir de sa zone de confort, c'est s'exposer, mais c'est aussi se révéler ; à soi-même, pour commencer. "Je vaux ce que je veux !"

Au moment de partir, je vous redis à quel point la vie militaire mérite d'être vécue. Aimez-la avec passion. Donnez-lui beaucoup, car on ne peut s'engager à moitié. Et si parfois il lui arrive d'être ingrate, considérez un instant tout ce qu'elle vous a donné.

À titre personnel, je reste indéfectiblement attaché à mon pays et à ses armées. Ce qui m'importera, jusqu'à mon dernier souffle, c'est le succès des armes de la France.

Fraternellement et fidèlement,

Général d'armée Pierre de Villiers »

Postface

Il y a un an, je publiais ce livre, *Servir*, quelques mois après avoir démissionné de mon poste de chef d'état-major des armées. Mon objectif était de rédiger un ouvrage sans esprit polémique, qui puisse affronter l'épreuve du temps. Je voulais expliquer aux Français les enjeux de la sécurité et de la défense pour les années à venir et transmettre ce que j'avais appris pendant quarante-trois années dans l'armée.

Sa réédition en collection de poche est l'occasion de vérifier qu'il a gardé toute son actualité. L'instabilité géostratégique n'a cessé d'augmenter ces derniers mois. La menace terroriste islamiste radicale perdure dans le monde entier et a frappé plusieurs fois en France depuis un an. Les « États-puissances » accroissent les tensions, sur fond de migrations incontrôlées et de dérèglements climatiques de plus en plus visibles. Sur les enjeux de la défense nationale, je constate que la loi de programmation militaire 2019-2025, votée cet été, constitue une avancée dans la direction que je souhaitais, même si la vigilance s'impose. Quant au projet de « service national universel », largement évoqué ces derniers mois, je comprends qu'il répond à la nécessité d'offrir à notre jeunesse l'occasion de démontrer son sens de l'engagement et sa détermination, que j'ai pu mesurer sur le terrain à maintes reprises. En revanche, sa mise en œuvre concrète ne doit pas reposer sur les armées déjà largement suremployées.

Le terrorisme islamiste radical continue de frapper

Sur la scène internationale, les dangers divers qui menacent notre sécurité, et que je détaille longuement dans ce livre, n'ont pas disparu. Bien au contraire, ils se font de plus en plus aigus. Le terrorisme islamiste radical continue de frapper, même si ses bases en Syrie ont été très affaiblies par les forces de la Coalition, notamment depuis la prise de la ville de Raqqa, qui en était l'un des centres névralgiques les mieux organisés. Certes, nos services de renseignement effectuent un travail exceptionnel, ce qui a permis de déjouer de nombreux attentats. Nos forces de sécurité et de défense, sur le pied de guerre 24 heures sur 24, protègent la France et les Français avec une constance et un courage qui forcent l'admiration. L'opération « Sentinelle » en est un exemple. Elle a su s'adapter à ce contexte par une meilleure flexibilité et une mobilité accrue, que je prônais dès sa création. Mais la menace est toujours là.

Faut-il rappeler l'assassinat de deux jeunes filles dans la gare Saint-Charles à Marseille, le 1er octobre 2017 ? Les trois morts – dont le lieutenant-colonel Beltram – et trois blessés à Trèbes, le 23 mars dernier ? L'attaque au couteau dans Paris le 12 mai, causant un mort et quatre blessés ? À l'heure où j'écris ces lignes, nous en sommes à 246 personnes tuées dans des attentats terroristes depuis 2015. J'aurais préféré m'être trompé dans mes analyses. Mais force est de constater que le combat sera long, car nous affrontons une idéologie qui prône la violence la plus aveugle, utilisée non pas comme moyen mais comme fin. Nous devrons faire face à d'autres attaques, malgré l'affaiblissement de Daesh – auquel les armées françaises ont contribué et c'est tout à leur honneur. Mais nous n'avons gagné qu'une bataille, pas la guerre.

Pour relever ce défi, nous devons renforcer la coopération entre les pays cibles des attaques terroristes, afin de traquer sans répit leurs commanditaires et leurs auteurs. Mais cela suppose aussi la maîtrise par les autorités musulmanes des mosquées les plus radicalisées et, plus largement, l'instauration d'un islam intégré et modéré. Les musulmans, ne l'oublions jamais, sont les premières victimes du terrorisme islamiste radical.

Le retour des États-puissances s'accélère

Le retour des « États-puissances », que j'évoque dans ce livre, ne cesse de se confirmer. La Chine, la Russie, la Turquie, l'Iran, l'Arabie Saoudite, la Corée du Nord veulent jouer un rôle déterminant dans les affaires du monde, se réarment de façon significative, développent leur propre vision stratégique de long terme, parfois en appelant l'histoire à la rescousse. Certains États sont liés par des intérêts objectifs comme la Chine et la Russie, d'autres se combattent sans merci comme l'Iran et l'Arabie Saoudite. Cela crée de nouvelles lignes de fractures internationales et donc de nouveaux risques de conflits majeurs. La guerre sanglante au Yémen, les tensions en Mer de Chine, la complexification de la situation au Levant, mêlant désormais la question palestinienne et la problématique syrienne, la persistance du terrorisme au Sahel – du Mali à la Somalie –, sont autant d'illustrations concrètes de ce monde en fusion, en confusion.

Face à cette offensive, en miroir inversé, les démocraties européennes apparaissent fragiles, indécises, divisées et préoccupées par le seul court terme. Trop confiantes dans la « fin de l'histoire », après la disparition de l'Union soviétique et la fin de la guerre froide, elles n'ont pris que très récemment conscience de la nécessité de se défendre. Mais elles manquent de vision stratégique, d'autant que beaucoup d'entre elles sont confrontées à la tentation du repli sur elles-mêmes face à des dangers qu'elles ne savent ni très bien évaluer ni combattre. Depuis un an, après le Brexit, les élections en Allemagne, en Hongrie, en Slovénie, en Autriche et en Italie ont envoyé un signal clair. Nous aurions besoin, au contraire, d'une Europe solide, confiante dans son destin, unie dans la diversité de ses cultures nationales, respectueuse des singularités étatiques et capable de faire entendre sa voix. Nous en sommes encore loin. Rien ne sert d'opposer sans cesse la nécessité d'une France souveraine et d'une Europe puissante. Il nous faudra les deux.

La force régulatrice des États souverains est fragilisée. Les organisations internationales – l'OTAN, l'Union européenne et l'ONU – sont en difficulté, confrontées à la fois à l'accélération du temps et à l'élargissement de l'espace. Leur masse critique et leur bureaucratie les handicapent pour décider et agir vite. Faire des exercices, rédiger des directives ou voter des résolutions ne suffit plus à réguler l'ordre mondial.

La situation en Syrie est particulièrement révélatrice de ce déficit d'efficacité internationale : la coalition a quasiment gagné la guerre contre Daesh, comme je le pressentais dans ce livre, mais cela n'a pas suffi à gagner la paix. Nous ne parviendrons à instaurer une paix durable dans cette région que si tous les acteurs concernés s'assoient autour de la table, surmontent leurs désaccords et acceptent des compromis afin que l'on puisse sortir de la tenaille que constitue l'affrontement entre les Sunnites et les Chiites. De ce point de vue, la rupture de l'accord nucléaire iranien par Donald Trump en mai dernier va compliquer les choses, car Israël a changé de stratégie et attaque désormais clairement les troupes iraniennes en Syrie. Le repli sur eux-mêmes annoncé par les États-Unis change également la donne dans le sens que je redoutais, renforçant d'autant la position de la Russie et de la Chine.

Il pourrait aussi constituer une nouvelle chance pour l'Europe. Sur ce plan, la défense européenne passera d'abord par la défense de l'Europe, à travers des projets concrets, interétatiques, à géométrie variable, tirant en cela les enseignements des difficultés rencontrées durant ces dernières années.

La loi de programmation militaire : une avancée et des points de vigilance

Nul n'ignore les critiques que j'ai formulées, en leur temps, à propos de l'évolution du budget de la Défense dans notre pays et de la nécessité de rétablir la cohérence entre les menaces, les missions et les moyens. Je les maintiens, car nos armées ont encore un grand besoin de régénération à court terme et de modernisation dans la durée. Mais je constate aussi avec satisfaction qu'elles ont en partie porté leurs fruits. La loi de programmation militaire 2019-2025 est une réelle avancée et je m'en réjouis. En 2025, si les promesses sont suivies d'effets, le budget du ministère des Armées atteindra 2 % du PIB, soit 50 milliards d'euros courants (avec les OPEX et hors pensions). Cette décision était loin d'aller de soi au début du mois de juillet 2017, au moment où j'ai quitté mes fonctions, après avoir découvert dans la presse la suppression de 850 millions d'euros de crédits en cours de gestion 2017.

Mais, comme toute loi de programmation militaire, elle devra être exécutée à la lettre pour conserver sa crédibilité. Devant la permanence des menaces, je vois mal l'engagement militaire français diminuer au cours des sept années à venir. En outre – et c'est probablement le point le plus sensible à surveiller –, l'augmentation annuelle des crédits est de 1,7 milliard d'euros pendant ce quinquennat et de 3 milliards par an entre 2023 et 2025. Il en est de même pour les effectifs qui s'accroissent de 1 500 au total sur la période jusqu'en 2022 et de 1 500 par an ensuite entre 2023 et 2025. On a déjà connu ce type de schéma au cours des dernières décennies et cela ne s'est jamais bien terminé pour les armées. La vigilance s'impose donc.

Repenser le fonctionnement de nos armées au quotidien est une urgence. Les mesures que je décris dans mon livre pour améliorer le matériel, le logement, l'alimentation, l'entraînement, les munitions, les pièces de rechange, la protection des « emprises », des équipements et des hommes ne pourront pas attendre plusieurs années. Elles doivent être prioritaires dans le court terme. Cette régénération ne devra pas être amputée par la nécessaire modernisation de nos infrastructures et la rénovation de notre dissuasion nucléaire. Atteindre tous ces objectifs supposera donc une grande continuité dans la politique de défense de l'État, y compris au cours du prochain mandat présidentiel.

Je salue à cette occasion le plan consacré aux familles, annoncé à l'automne dernier par la ministre des Armées, Madame Florence Parly, que j'appelais de mes vœux depuis longtemps. J'en avais d'ailleurs cité certaines mesures dans mon livre. Cela devrait légitimement commencer à rassurer les familles de militaires, à qui l'on doit beaucoup et qui le méritent. Au regard de ce que j'ai écrit, ce plan va dans la bonne direction, mais j'espère qu'il n'est qu'un début. Il y a encore beaucoup à faire dans ce domaine trop négligé par le passé.

Valoriser la jeunesse de notre pays

Publier ce livre m'a permis de vivre une expérience nouvelle et très enrichissante : parcourir la France entière afin de présenter l'ouvrage à toutes sortes de publics. La grande diversité des auditoires devant lesquels je me suis exprimé m'a surpris, et surtout la forte représentation de la jeunesse de notre pays. J'ai été frappé par leur curiosité, leur besoin de comprendre le fonctionnement de nos armées et la nature de leurs différentes missions. J'ai rencontré beaucoup de jeunes qui s'interrogeaient sur le fait de s'engager. Cela n'a fait que raffermir mes convictions. J'ai pu vérifier que l'armée est la parfaite photographie de la jeunesse française, dans sa variété et sa richesse. Plus de la moitié des militaires ont moins de trente ans. On y trouve des sans diplômes et des surdiplômés, des hommes et des femmes de toutes convictions, de toutes confessions. On voit bien que ce modèle fonctionne. Depuis un an, notamment dans le cadre des débats autour du service national universel, il n'est pas de semaine où l'on n'évoque pas l'urgence de reconstituer ce fameux « creuset national ».

Les jeunes ont besoin d'engagement et cherchent à se rendre utiles. Ils veulent servir, c'est-à-dire s'effacer devant une cause généreuse qui les dépasse : la France, la nation, la patrie, la paix, les valeurs. Il faut épancher cette soif de supplément d'âme, d'absolu, et entretenir cette petite flamme au fond de leurs yeux. Elle est un formidable vecteur d'espérance.

Plus je les ai écoutés et plus j'ai constaté que les jeunes Français sont prêts à faire des efforts, dans une société au sein de laquelle, parfois, on a le sentiment que prime la loi du moindre effort. Nos armées sont un vecteur d'ascension sociale et les valeurs qu'elles portent sont décrites dans mon dernier chapitre. Pas une ligne ne me semble devoir être changée.

Je ne cherche évidemment pas à promouvoir un quelconque modèle militaire d'intégration. Les armées ne sauraient être les pompiers de la République. Ce n'est pas leur mission, alors qu'elles sont déjà largement employées à l'intérieur et à l'extérieur du territoire. Nous disposons en France d'éducateurs, de professeurs, d'animateurs de grande qualité qui ne ménagent pas leur peine et font ce qu'ils peuvent avec les moyens dont ils disposent. Je persiste simplement dans l'idée que l'armée apporte des réponses positives aux aspirations de la jeunesse concernant la formation, l'ascension sociale, l'intégration, la solidarité, les valeurs de courage, d'engagement et d'authenticité. Le service national universel pourrait utilement s'en inspirer.

Unité et espérance

Depuis sa publication, rien ne me semble être venu ébranler la colonne vertébrale de mon livre. Notre monde court un grand risque, celui de la déshumanisation. Il est secoué par des chocs considérables : le dérèglement climatique et son cortège de migrations forcées ; l'écart grandissant entre les plus fortunés et les autres, induisant des risques de déstabilisation sociale et de désordres politiques ; la mondialisation et ses conséquences économiques et humaines ; les nouvelles technologies et notamment la robotisation et l'intelligence artificielle qui posent la question de la place de l'Homme dans notre société ; l'instabilité de la situation internationale, qui provoque inquiétudes et angoisses et pousse parfois au repli sur soi.

Pour faire face et ne pas subir, je propose deux mots-clés : unité et espérance. Ils sont plus que jamais d'actualité. L'unité est nécessaire face à la fracturation de nos sociétés et à la montée de l'égocentrisme. L'espérance se nourrit de la confiance dans l'homme et ses valeurs. Il appartiendra aux chefs de demain de maintenir la première et de susciter la seconde. Plus que jamais ils devront servir, car toute autorité est un service.

TABLE DES MATIÈRES

JADHAV Narendra
Intouchable
JEANNENEY Jean-Noël (dir.)
L'Écho du siècle
JORION Paul,
COLMANT Bruno,
LAMBRECHTS Marc
Penser l'économie autrement
JORION Paul
Le dernier qui s'en va éteint la lumière
L'Argent, mode d'emploi
KERVASDOUÉ (de) Jean
Les Prêcheurs de l'apocalypse
KNIBIEHLER Yvonne
Mémoires d'une féministe iconoclaste
LATOUCHE Serge
Le pari de la décroissance
LAURENS Henry
L'Orient arabe à l'heure américaine
LAVILLE Jean-Louis
L'Économie solidaire
LE MAIRE Bruno
Des hommes d'État
LE GOFF Jean-Pierre
Malaise dans la démocratie
LEHOUX Valérie
Barbara, portrait en clair-obscur
LENGLET François
Qui va payer la crise ?
La Fin de la mondialisation
Tant pis, nos enfants paieront
LENOIR Frédéric
Les Métamorphoses de Dieu
Le Temps de la responsabilité
LEYMARIE Philippe,
PERRET Thierry
Les 100 Clés de l'Afrique
MALET Jean-Baptiste
En Amazonie
MARIS Bernard
Et si on aimait la France
Souriez, vous êtes français !
MARTINOT Bertrand
Pour en finir avec le chômage
MÉLENCHON Jean-Luc
L'Ère du peuple
De la vertu
MOREAU Jacques
Les Socialistes français et le mythe révolutionnaire
MORIN Edgar
La Voie
Mon Paris, ma mémoire
NICOLINO Fabrice
Biocarburants, la fausse solution
NICOLINO Fabrice,
VEILLERETTE François
Pesticides
NIVAT Anne
Dans quelle France on vit ?
NOUZILLE Vincent
Les dossiers de la CIA sur la France 1958-1981
Les dossiers de la CIA sur la France 1981-2010
PÉAN Pierre
Noires fureurs, blancs menteurs
Pape Benoît XVI, avec Peter SEEWALD
Dernières conversations
Pape François
Se mettre au service des autres, voilà le vrai pouvoir
PIGASSE Matthieu,
FINCHELSTEIN Gilles
Le Monde d'après
PISANI-FERRY Jean
La crise de l'euro et comment nous en sortir
POSTMAN Neil
Se distraire à en mourir
RAFFY Serge
Le Président, François Hollande, itinéraire secret
RAMBACH Anne,
RAMBACH Marine
Les Intellos précaires
RENAUT Alain
La Libération des enfants
REYNIÉ Dominique
Les nouveaux populismes
ROCARD Michel
Oui à la Turquie
ROY Olivier
Généalogie de l'islamisme
La Laïcité face à l'islam

ROY Olivier,
ABOU ZAHAD Mariam
Réseaux islamiques
RUFFIN François
Les Petits Soldats du journalisme
SALAS Denis
La Volonté de punir
SALMON Christian
La cérémonie cannibale
SAPORTA Isabelle
Le Livre noir de l'agriculture
SARAH Robert,
DIAT Nicolas
Dieu ou rien
La Force du silence
SAVIDAN Patrick
Repenser l'égalité des chances
SELIGMANN Françoise
Liberté, quand tu nous tiens…
SENNETT Richard
La Culture du nouveau capitalisme
SMITH Stephen
Négrologie
SMITH Stephen,
FAES Géraldine
Noir et français
SMITH Stephen,
GLASER Antoine
Comment la France a perdu l'Afrique
SOREL Malika
Décomposition française
SOROS George
Mes solutions à la crise
STORA Benjamin
La Dernière génération d'octobre
TAUBIRA Christiane
Murmures à la jeunesse
TERNISIEN Xavier
Les Frères musulmans
TINCQ Henri
Les Catholiques
TISSERON Serge
L'Intimité surexposée
TRAORÉ Aminata
L'Afrique humiliée
Le Viol de l'imaginaire
VÉDRINE Hubert (dir.)
Un partenariat pour l'avenir
VÉDRINE Hubert
La France au défi
Le Monde au défi
VERMEREN Pierre
Maghreb : les origines de la révolution démocratique
VICTOR Paul-Émile,
VICTOR Jean-Christophe
Adieu l'Antarctique
VILLIERS (de) Pierre
Servir
VIROLE Benoît
L'Enchantement Harry Potter
WARSCHAWSKI Michel
Sur la frontière

Cet ouvrage a été imprimé en Espagne par
Liberdúplex
pour le compte des Éditions Fayard
en octobre 2018

Dépôt legal : octobre 2018
N° d'édition : 2446576/09 – N° d'impression : 70681

CARON Aymeric
Envoyé spécial
CARRERE D'ENCAUSSE Hélène
La Russie entre deux mondes
CHALIAND Gérard
Guérillas
CHALIAND Gérard,
BLIN Arnaud,
Histoire du terrorisme
CHARRIN Ève
L'Inde à l'assaut du monde
CHEBEL Malek
Manifeste pour un islam des Lumières
CHEMIN Ariane,
SCHNEIDER Vanessa
Le Mauvais Génie de Nicolas Sarkozy
CHEVÈNEMENT Jean-Pierre
L'Europe sortie de l'Histoire ?
CLERC Denis
La France des travailleurs pauvres
COHEN Daniel
La Mondialisation et ses ennemis
COHEN-TANUGI Laurent
Guerre ou paix
COHN-BENDIT Daniel
Que faire ?
COLOSIMO Jean-François
Les Chrétiens d'Orient
COTTA Michèle
La Troisième Révolution française
Mitterrand carnets de route
DAVIDENKOFF Emmanuel
Peut-on encore changer l'école?
DELPECH Thérèse
L'Ensauvagement
DERRIEN Caroline,
NEDELEC Candice
Les Macron
DOSTALER Gilles,
MARIS Bernard
Capitalisme et pulsion de mort
DUFRESNE David
Maintien de l'ordre
Tarnac, magasin général
ÉTIENNE Bruno,
LIOGIER Raphaël
Être bouddhiste en France aujourd'hui
FAUROUX Roger,
SPITZ Bernard
Notre État
FILIU Jean-Pierre
La Véritable Histoire d'Al-Qaida
FINCHELSTEIN Gilles
La dictature de l'urgence
FRÉGOSI Franck
L'islam dans la laïcité
GANTZER Gaspard
La politique est un sport de combat
GLASER Antoine
AfricaFrance
Arrogant comme un Français en Afrique
GIESBERT Franz-Olivier
L'animal est une personne
GODARD Bernard,
TAUSSIG Sylvie
Les Musulmans en France
GORE Al
Urgence planète Terre
GREENSPAN Alan
Le Temps des turbulences
GRESH Alain
L'Islam, la République et le monde
Israël-Palestine
GRESH Alain,
VIDAL Dominique
Les 100 Clés du Proche-Orient
GUÉNIF-SOUILAMAS Nacira
Des beurettes
GUÉNOLÉ Thomas
Petit Guide du mensonge en politique
HESSEL Stéphane
Citoyen sans frontières
HIRSCH Martin
Pour en finir avec les conflits d'intérêt
IZRAELEWICZ Erik
L'arrogance chinoise

COLLECTION PLURIEL

Actuel

ADLER Alexandre
Le monde est un enfant qui joue
J'ai vu finir le monde ancien
L'Odyssée américaine
Rendez-vous avec l'Islam
Sociétés secrètes
Le jour où l'histoire a recommencé
ADLER Laure
Françoise
ALGALARRONDO Hervé,
COHN-BENDIT Daniel
Et si on arrêtait les conneries
ASKENAZY Philippe,
COHEN Daniel
27 questions d'économie contemporaine
16 nouvelles questions d'économie contemporaine
ATTALI Jacques
Demain, qui gouvernera le monde ?
Urgences françaises
Devenir soi
C'était François Mitterrand
Peut-on prévoir l'avenir ?
Vivement après-demain !
Histoires de la mer
ATTIAS Jean-Christophe,
BENBASSA Esther
Les Juifs ont-ils un avenir ?
BACHMANN Christian,
LE GUENNEC Nicole
Violences urbaines
BAECQUE (de) Antoine
Les Duels politiques
BALLADUR Édouard
Conversations avec François Mitterrand
BARBER Benjamin R.
L'Empire de la peur
BARLOW Maude,
CLARKE Tony
L'Or bleu
BAVEREZ Nicolas
Réveillez-vous !
Danser sur un volcan
BAYART Jean-François
L'Illusion identitaire
BEBIN Xavier
Quand la justice crée l'insécurité
BEN-AMI Shlomo
Quel avenir pour Israël ?
BENAMOU Georges-Marc
Comédie française
BENBASSA Esther
La Souffrance comme identité
BENKEMOUN Brigitte
La Petite Fille sur la photo
BERGOUGNIOUX Alain,
GRUNBERG Gérard
Les Socialistes français et le pouvoir (1905-2007)
BEURET Michel,
MICHEL Serge,
WOODS Paolo
La Chinafrique
BHUTTO Benazir
Autobiographie
BIASSETTE Gilles,
BAUDU Lysiane J.
Travailler plus pour gagner moins
BIRNBAUM Pierre
Genèse du populisme
BORIS Jean-Pierre
Le Roman noir des matières premières
BRENNER Emmanuel (dir.)
Les Territoires perdus de la République
BRETON Stéphane
Télévision
BROWN Lester
Le Plan B
BRZEZINSKI Zbigniew
Le Grand Échiquier